Es ist richtig, dass jedes schöne
Ereignis sich dem Ende
zuneigt, um Platz zu schaffen
für Neues.

Wir denken an alle Menschen,
die am Mount Everest
geblieben sind.

Harald Baetge

Die Aura des Himalayas

Eine Reiseerzählung

In Gedenken an George Mallory

Harald Baetge, Jahrgang 1965, geboren in der Lüneburger Heide, lebt als Hobbyautor in Berlin.
Sein erstes Buch *Der Zehnsonnenstern* veröffentlichte er 2010. Es folgten *Unterwegs in der Gurungregion-ein kleiner Reisebericht* und *Ein Wahnsinnsgerät*. Danach veröffentlichte er *Unterwegs in der Tuwaregion*, in dem er auf eindrucksvolle Art und Weise den Leser mit auf eine Reise in den mongolischen Westaltai nimmt. In seinem neuesten Werk erzählt er von seinen Empfindungen über seinen Trip nach Nepal zum Basislager des Mount Everest, dem höchsten Berg der Welt.

© 2022 Harald Baetge

Satz, Umschlagsgestaltung, Herstellung und Verlag
BoD – Books on Demand, Norderstedt
ISBN 978-3-7562-2427-2

Das Titelbild wurde gemalt von Heidi Lindenlaub
© 2022 Heidi Lindenlaub

Die Ama Dablan wacht über uns....

Nichts ist gemütlich in den Bergen, sagte mir mal ein freundlicher Mann aus Grainau. Er hat mit dieser Einschätzung recht, zugleich mein Wanderleben geprägt und mir eine neue Sichtweise geschenkt. Gehen wir vom Mittelgebirge über die Voralpen zu den Alpen in den Vorhimalaya und weiter hinauf in den Hochhimalaya. Überall die gleiche Einschätzung, alle Wege sind auf ihre Art gefährlich und mit Sorgfalt und Vorsicht zu begehen. Selbst während einer Wattwanderung an der Nordsee kann eine Qualle den ganzen Urlaub ruinieren, woran der Mann bestimmt nicht gedacht hat.

Gehen wir von der Nordsee auf den Mount Everest. Der Kontrast könnte nicht größer sein. Bewegen wir uns schließlich vom niedrigsten Punkt auf den höchsten unseres Erdballs. Die Wege dorthin sind unergründlich, geheimnisvoll, gefährlich und ungemütlich. Ich rede nicht vom Gipfel, sondern vom Basislager, zu dem meine Reise führen soll. Das Basislager, für mich persönlich der Gipfel, das scheinbar unerreichbare Ziel, dem alles untergeordnet wird. Ein Vorhaben, das sich vor vielen Jahren in mir manifestiert hat.

Damals stand ich in Rongbuk auf der tibetischen Seite und schaute auf den Everest. Mir wurde ein phänomenaler Blick auf den gesamten Berg geschenkt. Der azurblaue Himmel über mir präsentierte mir den höchsten Berg der Welt in seiner ganzen Pracht. Ich spürte seine gesamte Energie durch meinen Körper fließen.

Der Mount Everest. Er stand da, wie ein Fels in der Brandung, ein wenig sanftmütig und zugleich mächtig wie nichts auf der Welt. Ich wusste damals, dass ihm alle Menschen gnadenlos ausgeliefert sind, die begehren, dort oben zu stehen, um alle Dinge unter sich zu lassen. Genauso wie ich von der Anziehungskraft dieses Berges fasziniert war, entwickelte sich im nächsten Moment eine leichte Enttäuschung in mir. Was war geschehen? Vor mir lag das Basislager, die bunten Zelte verloren sich im Geröll, dahinter befand sich nur der Berg, sonst nichts, nur der Berg. Ich sehnte mich nach dem gigantischen Blick auf die höchsten Berge der Welt, der mir in vielen Büchern so trügerisch vermittelt wurde. Dank meiner Unkenntnis befand ich mich in einem Himalaya-Dilemma. Ich war im Himalaya, doch sah ich ihn nicht. Durch die geografische Lage fährt man mit dem Jeep an den Berg heran und genießt seine Nähe mit seiner markanten Felspyramide. Der höchste Berg der Welt steht direkt vor dir und verdeckt die anderen Schneeberge, die sich demütig hinter ihm verstecken. Als wir von Rongbuk mit dem Jeep wieder in Richtung Lhasa fuhren, war ich traurig. War das alles?

In den nächsten Tagen wanderten meine enttäuschten und ernüchternden Empfindungen langsam aus meiner Seele. In meinen Gedanken stärkte sich das Bewusstsein, von der anderen Seite des Berges einen ganz anderen Blick bekommen zu können. Wenn ich von Rongbuk aus nur den Everest sehe, schlage ich der Natur ein Schnippchen und gehe auf die andere Seite, um das sich versteckende Himalayamassiv aus der Reserve zu locken. Denn mir war klar geworden, dass der Everest nur in Verbindung mit dem gesamten Massiv seine einzigartige Bedeutung erlangt.

Wenn ich auf der anderen Seite stehe, dachte ich mir, erfahre ich, wie es ist, den Himalaya zu sehen, die schnee- und eisbedeckten Berge vor mir zu haben. Einen Blick einfangen zu können, der dich glauben lässt, im gesamten Himalaya zu sein, im höchsten Gebirge der Welt. An dem Ort zu sein, den ich als Kind im Diercke-Weltatlas als zwei daumendicken Landstrich wahrnehmen konnte. Für mich damals unvorstellbar wie 30 Jahre zuvor die Reise zum Mond.

Nur die Sache hat einen Haken. Im Vergleich zu den Chinesen, haben die Nepalesen weit entfernt vom Everest aufgehört, Sandwege in die Natur zu setzen, sodass ein Durchkommen mit dem Jeep unmöglich ist. Eine lange, beschwerliche und kräftezehrende Wanderung steht mir somit bevor. Über mehrere Wochen geht es durch faszinierende Natur über Stock und Stein. Das menschliche Auge sieht Dinge, die in Worte nicht zu fassen sind. Ich befinde mich auf den Spuren von George Mallory, Tensing Norgay, Edmund Hillary und Reinhold Messner. Gänsehautgefühle steigen in mir auf, wenn ich nur daran denke. Diese Reise muss sein. Ungeduld, gepaart mit Unzufriedenheit, kommt in mir auf, je länger ich die Planungen vor mir herschiebe und sie nicht in die Tat umsetze. Dann ist irgendwann die Zeit gekommen. Das Schicksal meint es gut mit mir. Mehrere Ereignisse reihen sich aneinander an, wegweisende Gespräche mit meiner Frau und anderen lieben Menschen führen mich in die Richtung, die ich einzuschlagen habe. Ein überragendes Buch über den Zweck seiner eigenen Existenz gibt den Ausschlag.

Diese Tour verändert mein Leben und meine Sinne. Unzählige Gedanken rauschen wie der Dudh Kosi im Solokumbu durch meinen Kopf.

Eineinhalb Jahre vorher entscheide ich mich für die Auszeit. Einige Wochen später erhalte ich grünes Licht von meinem Arbeitgeber. Und nachdem sich die Erde dreißigmal gedreht hat, steht Nepal als Reiseziel fest. Mein Verbindungsmann in Katmandu ist Sonam. Er leitet mit seinem Vater seit vielen Jahren ein Reisebüro, welches sich auf Trekkingtouren im Himalaya spezialisiert hat und sich weltweit eine unglaublich positive Reputation erworben hat. Nach vielen E-Mails steht der Ablauf der Tour fest, individuell auf mich abgestimmt. Ein nepalesischer Guide wird mich begleiten. Obwohl viele Fragen für mich vorerst unbeantwortet bleiben, buche ich den Flug zehn

Monate vorher und schicke Sonam eine Kopie des Flugtickets. Die Reise ist somit gebucht und unter Dach und Fach. Jetzt gibt es kein Zurück mehr. Trotz meiner Zweifel und Ängste bin ich von einem guten Gefühl umgeben.

Ich darf mich nun zu den glücklichen Menschen zählen, die zwei Monate die Sachen machen dürfen, wozu sie wirklich Lust haben. Frei von gesellschaftlichen Zwängen und alltäglichen Sorgen, aus innerster Überzeugung das tun, wozu man geboren ist, nämlich den Zweck der eigenen Existenz erfahren und zugleich erleben.

Nach langer Vorbereitungszeit fliege ich der Schneewohnstätte entgegen. Im altindischen Sanskrit sagt man Himalaya dazu, das sagenumwobene, höchste und berühmteste Gebirge unseres Erdballs. Als der Flieger in Berlin abhebt und in der Endlosigkeit des Horizonts verschwindet, gehen meine Gedanken zurück an die Zeit davor. Sie ist geprägt von gründlicher Recherche, Planungen, Buchungen und Trainingseinheiten, aber auch von vielen Gedanken.

Bin ich fit genug? Vertrage ich die Höhe? Kann ich die Anstrengung richtig einschätzen? Sind die klimatischen Bedingungen eine Nummer zu hoch für mich? Werde ich einsam sein? Wie reagiert meine Seele? Werde ich weinen?

Ist es richtig und vernünftig, sich auf ein derartiges Abenteuer einzulassen? Natürlich ja!

Stelle man sich nur das Szenario vor, einer verpassten Chance nachweinen zu müssen. Bereuen ist kein guter Begleiter der Seele.

Also einfach machen und losfliegen, alte Keule sage ich mir. Es ist gut, über seinen eigenen Schatten zu springen und Dinge durchzuziehen, die anfangs schwierig erscheinen, aber aus der Ratio heraus erfüllbar sind. Das gute Gefühl, es versucht zu haben, ist über jeden Zweifel erhaben. Um seine Grenzen auszuloten und neue Erfahrungen zu machen, ist dieser Trip vernünftig. Ich erfinde mich neu und lerne mich auf eine spezielle Art und Weise kennen.

Ich frage mich, ob Reinhold Messner stolz auf mich wäre, würde ich ihm erzählen, dass ich mein Trainingspensum im Schwimmbereich von 1000 m Brustschwimmen mit 50 % Kraulanteilen auf 1500 m in gleicher Durchschnittsgeschwindigkeit verbessert habe, wohlgemerkt ebenfalls mit 50 % Kraulanteilen. Mein persönlicher Beitrag, um am Berg zu bestehen. Als ich von der netten Stewardess ein Bier ausgehändigt bekomme, öffne ich die Dose und proste ihm schmunzelnd zu.

Auf meine Reise.

Reinhold Messner lehnt sich lässig zurück und schaut mich schweigsam an. Dann grinst er nur.

Sicherlich denkt er an seine Kindheit zurück, in der er in Südtirol alle Berge im Alleingang erklommen hat, um dann Jahre später den Himalaya zu erobern, mit all seinen

Achttausendern. Damit kann ich selbstverständlich nicht dienen. Mein Vorbereitungstraining ist etwas bescheidener ausgefallen.

Dann taucht Heidi urplötzlich vor mir auf, wie sie mir ein letztes Mal aus dem Fenster zuwinkt, als ich ins Taxi einsteige, um davonzufahren. Ihre Tränen sehe ich nicht, das sagt sie mir erst am Ankunftstag. Ihr habe ich sehr viel zu verdanken, in dem sie mich immer gestärkt und mir zugeredet hat. Ich bin innerlich sehr aufgeregt, meine Wehmut lässt meinen tausenden Endorphinen den Vortritt. Sie sind zu mächtig, dass Tränen auf meine Wangen kullern können.

Als ich mit Heidi vor zwei Jahren das erste Mal aus dem mongolischen Westaltai zurückgekommen war, sprach ich von Seelenreinigung. Welche Emotionen wird dieser Trip in mir auslösen?

Werde ich nach der Reise die Welt mit ganz anderen Augen sehen? Ändert sich meine Sicht- und Denkweise? Gelingt mir der Übergang vom Hochhimalaya zum Berliner Stadtleben? Will ich wieder arbeiten? Oder möchte ich alles von mir streifen?

Während im Hintergrund die Flugzeugmotoren dröhnen, rattert es in meinem Gehirn. Reinhold Messner ist längst verschwunden, ich genehmige mir ein zweites Bier und falle dann in einen leichten Schlaf ...

...unglaubliches Panorama vor mir, hinter mir der Khumbu Eisfall, meine Füße tragen mich durch das Tal des Schweigens, eine trügerische Stille umgibt mich, ich stapfe weiter, bin schon am Südsattel, der Gipfel scheint nah zu sein, es stürmt, ich sehe nichts, mir ist kalt, werde ich erfrieren? Was hat mein Guide mir nur angetan? Ziel ist doch das Basecamp und nun stehe ich auf dem Gipfel und der ganze Himalaya unter mir, das Wetter klärt sich auf, die Sonne strahlt, es ist windstill, am Ziel der Träume, voller Glück ...

Werde ich zurückkommen? George Mallory kann mir nicht helfen, der liegt Jahrzehnte im Eis, bis sein gefrorener Leichnam gefunden wird.

Kathmandu begrüßt mich auf seine typische Weise. Hektisch, laut, stickig. Hunderte von Touristen wuseln vor dem Flughafen herum und suchen ihre Fahrer, die mit hochgehobenen Schildern nach ihren Kunden Ausschau halten und diese irgendwann auch finden. Alle haben das gleiche Ziel, in den Hochhimalaya zu gelangen, um in einer Kehrtwende die Abgeschiedenheit der Natur in sich aufzusaugen, bzw. sein sportliches Ziel zu erreichen, welches unterschiedlich ausfallen kann. Für die einen ist es der Weg, für die anderen ein bemerkenswerter Aussichtspunkt oder Gipfel. Es ist Anfang März und wir befinden uns in der Vorsaison. Während ich meinen Fahrer suche, frage ich mich nur, was in der Hauptsaison hier los sein wird.

Irgendwann findet mich mein nepalesischer Driver. Schnell lädt er mein Gepäck ein, um dann mit seinem Jeep in den Großstadtdschungel einzutauchen. Lärmendes Gehupe begleitet uns durch die Stadt, während die Autos und Mopeds kreuz und quer über den Asphalt rollen. Die Straßenverkehrsordnung ist gänzlich aufgehoben. Aber irgendwie funktioniert alles. Selbst

Radfahrer und Rikschafahrer finden in dem Chaos ihre Berechtigung. Es geht durch mit Gebetsfahnen behangenen engen Gassen, in denen aus westeuropäischer Sicht kein Straßenverkehr möglich ist. Irgendwann erreichen wir Sonams Büro. Die Begrüßung ist herzlich, letzte Dinge werden besprochen, danach werde ich in mein Hotel gebracht, welches sich im Touristenviertel Thamel befindet. Hier pulsiert das Leben, hier fühlen sich die Touristen wohl. Aus den Bars schallt laute Musik, in den Restaurants werden nepalesische und internationale Spezialitäten angeboten. Auf kleinen Märkten und in unzähligen kleinen Läden werden Kunsthandwerk, Schmuck und Trekkingausrüstung angeboten. Obst- und Gemüsehändler versuchen, ihre Waren auf der Straße an den Mann zu bringen. Überall riecht es nach Kräutern, Gewürzen und Räucherstäbchen. Es ist eine eigenwillige, fantastische Atmosphäre, die in Worten nicht zu beschreiben ist. Thamel besteht eigentlich nur aus zehn bis fünfzehn Straßen. Man kann sich leicht verlaufen, da auf den ersten Blick jede Straße gleich aussieht, was natürlich nicht stimmt. Ich fühle mich wie in einem Labyrinth, aus dem man nicht mehr herauskommt. Anfangs ist es ratsam, sich in der Nähe seines Hotels aufzuhalten, um sich einen ortskundigen Raum über drei bis vier Straßen zu schaffen.

An meinem Ankunftstag genieße ich am Nachmittag die ersten Stunden in Nepal, gerade hier in Thamel. Ich sauge die spezielle Luft in mir auf und spüre den Hochhimalaya in mir. An den vielen Klamottenläden flattern mir die Mount Everest Base Camp-T-Shirts ins Gesicht. Die Skizze des Berges in einem Kreis, darunter vier Zahlen, ein kleiner Buchstabe. 5365 m. Es verkauft sich wie verrückt. Nach getaner Arbeit werde ich mir dieses Erinnerungsstück kaufen. Ich habe den Eindruck, dass ich an jeder Straßenecke die kalten Schneeberge rieche. Ich sehe die Gletscher, die Moränen, die raue Steinnatur, die mich umgibt und ahne, wie kalt es sein kann. Begleitet von dem Guide, den ich übermorgen in Phaphlu treffen und kennenlernen werde, alleine in der gewaltigen Berglandschaft des Himalayas, umgeben von den Sieben und Achttausendern, nach denen ich mich so gesehnt habe und die ich einmal in meinem

Leben in natura sehen kann. Gänsehautgefühle tragen mich durch die Straßen, als ich an einen kleinen Laden komme, der SIM-Karten nepalesischer Telefonanbieter verkauft, unerlässlich für einen guten Kontakt zu Heidi, um die Heimwehgefühle auf ein Minimum zu reduzieren. Es entwickelt sich ein Verkaufsgespräch in englischer Sprache. Ich erhalte die richtige Karte und versuche mithilfe des Verkäufers sie zu aktivieren. Da ich zwei Verträge habe, verwechsele ich leider die Pin. Zwei Versuche sind bereits fehlgeschlagen. Ich schaue den Mann hilflos an, er lächelt und meint, ich soll die zweite Nummer mal versuchen. Ich bin felsenfest davon überzeugt, dass diese aber falsch ist. Wohl wissend, dass ich nur drei Versuche habe, bitte ich ihn, darum zu beten. *Please Pray.*

Da die erste Nummer nicht passt, dürfte die zweite richtig sein. Er lächelt ein weiteres Mal, nickt mit seinem Kopf, damit ich endlich die Nummer eingebe. Ich schmunzele leicht verzweifelt, atme tief durch, er betet zu Buddha und ich zum lieben Gott. Dann tippe ich ein. Die Spannung steigt. Wir lachen beide und es funktioniert. Erleichtert schicke ich meine erste Nachricht an Heidi. Ich habe bis heute nicht begriffen, warum es geklappt hat, die Geister des Himalayas waren sicherlich bei mir.

Am Abend gehe ich in einem nahegelegenen Restaurant essen, bin von Livemusik angelockt worden. Es ist eine ruhige, herrliche Atmosphäre. In diesem Moment bin ich sehr glücklich und erfüllt, voller Erwartungen der nächsten Wochen. Hier treffe ich einen verrückten Holländer, der mit dem Motorrad durch Nepal gefahren ist. Morgen fliegt er nach Hause. Der eine geht, der andere kommt. Wir tauschen in einem interessanten Gespräch unsere Erfahrungen aus. Freundlich verabschieden wir uns und wünschen einander viel Glück. Ich bin jetzt schon sehr froh, dass ich den Schritt trotz aller Zweifel gewagt habe und hier in Kathmandu bin, um meinen Trip beginnen zu können. Es ist ein unbeschreibliches Gefühl zu wissen, dass mein Traum anfängt, in Erfüllung zu gehen.

Nachdem ich einen Tag noch in Kathmandu verbringe, werde ich am Sonntagmorgen von einem jungen Nepalesen abgeholt. Er wird mich nach Phaplu auf 2400 m Höhe fahren, der Ausgangspunkt meines Treks. Bei Sonnenschein und einer Temperatur von 25 Grad verlassen wir die Einemillionenstadt auf 1400 m in östlicher Richtung. Für den beschwerlichen Weg über 270 km wird der ganze Tag in Anspruch genommen. Zuerst geht es über Teerstraßen, die sich durch die Landschaft schlängeln. Bald haben wir den Großstadtdschungel von Kathmandu hinter uns gelassen und tauchen in die idyllische, grüne Bergwelt Nepals ein. Das Straßenbild ist nun ein anderes geworden. Durch einzelne Dörfer geht es kurvenreich stetig höher. Teerstraßen wechseln sich mit Schlaglöchern behafteten sandigen Wegen ab. Es wird noch eine ganze Zeit dauern, bis der Weg durchgehend geteert ist. Wir halten in einem kleinen Dorf, um Wasser zu kaufen. Die Läden befinden sich immer direkt an der Straße. Während ich auf meinen Fahrer warte, stehe ich am Straßenrand und versuche frische Bergluft einzuatmen. Dabei habe ich die Gelegenheit, mir ein Bild zu machen.

Fröhliche Kinder spielen mit Hunden am Straßenrand. Vereinzelt fahren Mopeds und Autos an mir vorbei. Die Dorfstraßen sind meistens geteert. Menschen sitzen auf Plastikstühlen vor den Häusern und schauen auf die Straße, unterhalten sich und trinken Milchtee. Ihre Häuser bestehen aus Lehm, Stein oder Holz. Meistens sind sie ein- oder zweistöckig und besitzen zur Straßenseite eine Veranda. Einzelne Wellblechbaracken säumen die Straße, in denen Hausrat und Geräte verstaut sind.

Gebetsfahnen hängen über der Straße und wehen im Wind, meistens in kleiner, rechteckiger Form. Die Fahnen sind mit Gebeten, Mantras und Symbolen bedruckt, die nach dem Glauben der Menschen gen Himmel getragen werden. Es sind immer fünf Fahnen zusammengebunden, in den Farben Blau, Weiß, Rot, Grün und Gelb. Die Zahl fünf spielt im Buddhismus eine sehr große Rolle. Dadurch werden die vier Himmelsrichtungen sowie das Zentrum verkörpert. Die Farben beschreiben die Elemente Himmel, Wolken, Feuer, Wasser und das Erdelement.

Diese wunderbaren Fahnen, die das Lebensgefühl des gesamten Himalayas widerspiegeln, sind ebenso an jedem Bergpass und an jedem Gipfel zu finden, da sie dort dem Himmel so nah sind und ihre spirituelle Arbeit bis zur vollständigen Verwitterung verrichten. Wie lange werden sie dem Klima standhalten können? Die Zeit ist unwichtig, nur ihre Bedeutung ist entscheidend. Ich bin sehr gespannt, wo ich meine aus Berlin mitgebrachten Miniaturgebetsfahnen aufhängen werde. Der Verlauf der Reise wird mir die Antwort geben. Ich spüre, dass es ein spiritueller Ort sein wird, umgeben von Melancholie, Traurigkeit und Demut.

Am frühen Nachmittag kehren wir irgendwo in einem kleinen Restaurant ein. Es ist ein kleines Steinhaus mit grünen Wellblechplatten und überdachten Vorbau, der bei schönem Wetter an zwei Seiten geöffnet ist. Hier werden die Mahlzeiten zubereitet und Getränke, Süßigkeiten sowie einige Lebensmittel für unterwegs verkauft. Die Einrichtung ist einfach. Auf dem Holzboden stehen einige Holztische und Kunststoffstühle, an denen gegessen wird.

Ich entscheide mich für das Nationalgericht, Dal Bhat. Es besteht aus Linsensuppe und Reis, sowie Gemüse der Saison. Dazu gibt es frischen Pfefferminztee, der in Nepal oft angeboten wird, da die Kräuter meistens im eigenen Garten wachsen. Da es recht warm ist, trinke ich zwischendurch viel Wasser.

Nach einer Stunde geht es weiter. Wir haben noch einige Stunden vor uns. Geplant ist die Ankunft für 18 Uhr. Noch ahnen wir nicht, dass der Trip vier Stunden länger dauern wird.

Es ist sehr angenehm, dass ich auf dem Beifahrersitz Platz nehmen kann. Hier darf ich eine gute Aussicht genießen, die mir Nepal von seiner wunderbaren grünen Seite zeigt. Es geht hoch und runter, auf engen staubigen Sandwegen, entgegenkommende Jeeps oder LKWs müssen entweder warten oder werden von uns durchgelassen, während ich auf tiefe Abgründe schauen darf, die unter mir lauern. Teilweise sind die Schlaglöcher so tief, dass sie nicht mal in Schrittgeschwindigkeit befahren werden können, sondern mit fahrerischem Talent umgangen werden müssen. Um mich abzulenken, ergötze ich mich an den unterschiedlichen Grüntönen der Natur. Bereits auf 2000 m Höhe ist es möglich, die ergreifende faszinierende grüne Bergwelt des Himalayalandes zu bestaunen. Mittendrin immer wieder die terrassenförmigen Reisfelder. Mir kommt es vor, dass es diese Autofahrt schon wert ist, hier zu sein. Die berühmten Bergsteiger aus den Anfängen der Everestgeschichte müssen ebenfalls hier gewesen sein. Sie konnten mit Sicherheit die Rhododendronbäume in ihrer Farbenpracht genauso bewundern, wie ich es in diesem Moment tue.

In drei Stunden sollen wir Phaplu erreichen. Es geht immer weiter aufwärts, wir müssen ja schließlich auf 2400 m. Dann geht es mal wieder in ein Tal, um zum nächsten Pass zu gelangen. Es geht praktisch immer wieder hoch und runter. Dann kommen wir plötzlich in einen Stau. Wir befinden uns auf einem engen Sandweg, auf dem einige Autos vor uns sind. Den Grund der Verzögerung können wir noch nicht erahnen. So vergehen die Minuten, es geht im Schritttempo vorwärts. Irgendwann öffnet mein Fahrer seine Tür und geht nach vorne, um nach dem Rechten zu schauen. Nach fünf Minuten kommt er zurück, es geht langsam weiter und dann sehen wir den Grund. Ein Schwerlastsattelschlepper hat sich auf dem schmalen Sandweg auf einer Steigung festgefahren. Er kommt nicht mehr weiter. Das Fahrzeug ist zu schwer für den weichen Sandweg. Belastend kommt hinzu, dass auf dem Auflieger ein überdimensionaler Holzkasten befestigt ist. Es ist ein Quader mit einer Kantenlänge von bestimmt vier Metern. Für mich hat sich dort ein tonnenschweres LKW-Monster auf einem für dieses Fahrzeug zu schmalem Sandweg festgefahren, es wackelt bedrohlich und scheint nach rechts umzukippen. Zusätzliche Gefahr droht von dem Abgrund, der sich rechts des Weges befindet. Einige Menschen laufen aufgeregt umher und versuchen, die Situation zu retten. Ein Bagger wurde von dem neben dem Abgrund befindlichen Kieswerk geholt, um das Monster abzuschleppen. Mehrere Versuche ziehen sich über eine Stunde hin, der Erfolg bleibt leider aus. Für mich ist es unfassbar, was dort passiert. Es gibt für unseren Jeep auch keine Möglichkeit, das Ungestüm zu passieren. Der Riesen-LKW hätte auf diesem kleinen, steilen Weg nie fahren dürfen. Mein Fahrer wird ungeduldig und informiert Nare, dass es später wird. Mir knurrt der Magen, aber ich bleibe ruhig, da ich Urlaub habe. Ich sehe das recht locker, da ich mir sage, dass so etwas passieren kann. Ich befinde mich auf einer Abenteuerreise und wünsche nur den Menschen viel Glück, dass der LKW gefahrlos abgeschleppt werden kann. Es ist nun wahre Gewissheit, dass der Bagger nicht helfen kann, der anschließend wieder abgezogen wird. Über meinen Fahrer werde ich informiert, dass die Leute eine stärkere Maschine organisieren werden, aber das kann einige Zeit in Anspruch nehmen. Hinter uns hat sich eine kleine Schlange gebildet, die Fahrer unterhalten sich und tauschen sich aus, was in Kürze geschehen wird. Jeder gibt seine Meinung ab, es ändert nichts an der Tatsache, dass zurzeit Stillstand herrscht. Alle warten auf das neue Abschleppgerät. Die Minuten vergehen. Warten auf den großen Moment. Dann erscheint am Ende des Weges ein neues Monster mit zwei großen hellen Augen, ein riesengroßes Fahrzeug taucht auf. Da es dunkel geworden ist, sind die hellen Lampen angeschaltet. Dieser Heilsbringer soll es jetzt richten. Nun beginnt wieder das gleiche Spiel, die Leute wuseln um das Monster, Vorkehrungen werden getroffen, um das große Ziel zu erreichen. Dann geht es los. Motoren heulen auf, Sand fliegt durch die Luft, beide Ungestüme bewegen sich. Männer schreien, noch ein zweiter Versuch, die Motoren heulen noch lauter, es qualmt und dampft. Beide LKWs bewegen sich und wackeln derartig hin und her, dass hinsichtlich des naheliegenden Abgrundes einem angst und bange werden kann. Aber die Ortsgeister meinen es gut, das Monster wird aus seiner Sandfalle befreit und kann endlich nach einigen Stunden langsam von dannen ziehen. Bis der Stau sich auflöst, vergeht einige Zeit. Um 23 Uhr erreichen wir unseren Zielort. Nare begrüßt mich freundlich vor unserem Guest House. Er begleitet mich auf mein Zimmer, wo mein Gepäck verstaut wird. Dann gibt es noch etwas zu essen. Letzte Instruktionen für morgen und ab ins Bett! Gute Nacht Nepal, gute Nacht Phaplu. Willkommen im Vorhimalaya.

Phaplu ist eine kleine Bergstadt im Nordosten Nepals, etwa 125 km östlich von Kathmandu gelegen. Sie ist heute Zeuge eines unvergesslichen Ereignisses. Meine Tour beginnt wirklich. Auf den Spuren berühmter Bergsteiger werde ich ein Teil von ihnen sein. Ich werde den Himalaya verinnerlichen, wie ich es mir in meinen kühnsten Träumen nicht vorstellen kann. Werde ich auf dem Gipfel stehen, werde ich das ewige Eis hinter mir lassen? Werde ich die Kälte in mir aufsaugen und voller Energie über die Schneegletscher wandern? Schnee und Wind werden mich umgeben und durch die Steinlandschaft tragen.

Als ich mit Nare nach dem Frühstück losmarschiere, schwirren tausende Gedanken in meiner Trekkerseele. Es ist mir unmöglich, sie in Sätze zu fassen. Ich lasse mich einfach treiben, bin überglücklich, hier zu sein und setze ein Fuß vor dem anderen. Um alles zu realisieren, beginne ich konzentriert zu atmen. Ich befinde mich nicht auf dem Weg zur Arbeit, sondern auf dem selbigen nach Taksindu, einem winzigen Bergdorf auf dreitausend Metern Höhe, welches wir heute Abend erreichen wollen. Ich spüre die Luft in mir, sie wird mir gewiss Kraft geben.

Wenden wir uns nun der lieben Person zu, die mich in den nächsten Wochen Tag für Tag begleiten und beschützen und immer an meiner Seite sein wird. Nare ist mein Guide und Träger in einer Person. Er ist bestimmt einen Kopf kleiner als ich und wirkt sehr schmächtig. Die ganze Tour wird er bis auf meinen Tagesrucksack unser beides Gepäck tragen. Ich weiß wirklich nicht, wie es funktionieren soll. Als wenn es nicht schon genug wäre, trägt er in seinen Armen vor dem Oberkörper einen Karton, der Kekse und Notfallmedizin beinhaltet. Ich frage mich, ob mich schlechtes Gewissen plagen soll, als ich realisiere, dass er bestimmt mehr als dreißig Kilo auf seinem Buckel hat. Da komme ich mir mit meinem sechs Kilo Rucksack ein wenig schäbig vor. Ich schiebe den Gedanken weg, als er mir erzählt, dass er am gestrigen Tag von seinem Heimatort Kharikhola hier nach Phaplu gelaufen ist. Was das für ein Kraftakt gewesen sein muss, werde ich erst morgen Abend erfahren und am eigenen Leibe spüren. Nare ist hier geboren, aufgewachsen und kennt die gesamte Gegend wie seine eigene Westentasche. Ich lächele ihn an und schweige. Ich fühle mich sicher und bin frei von unruhigen Gedanken. Sonam, ich sage jetzt schonmal Danke, dass Du mir Nare an meine Seite gestellt hast. Mit seinen vierundvierzig Jahren scheint er sehr erfahren zu sein. Die Bestätigung folgt auf dem Fuß. Ich erfahre, dass er die Tour zum Basislager bereits ungefähr hundertmal gegangen ist. Seine Seele kennt jeden Stein und jeden Pfad. Auf der weiteren Wanderung wird mir jeden Tag klarer werden, wie wichtig Nare für mich ist. Ohne seine Kenntnisse und Verbindungen bin ich verraten und verkauft.

Auf meiner ersten Rast am frühen Nachmittag werde ich auf eine Reise in die zwanziger Jahre des letzten Jahrhunderts geschickt, zu den Anfängen der Besteigungsgeschichte des Mount Everests. Ich sitze an einem Holztisch und warte auf meine Stärkung. Ich blicke durch den Raum und bleibe an einem großen Poster hängen. Der Berg, ein Konterfei und vier Worte. *Weil er da ist.* Die legendäre Antwort auf die Frage, warum er den Mount Everest besteigen wollte. Gesprochen von George Leigh Mallory, dem britischen

Bergsteiger, der als einer der Pioniere des Bergsteigens am Mount Everest gilt, einer der besten seiner Generation. Anhand der Tatsache, dass Mallory in den 1920er Jahren unter für heutige Verhältnisse, mit einfachen Mitteln und ohne Vorkenntnisse an drei Expeditionen am Everest teilgenommen hat und beinahe den Gipfel erreicht hätte, ist er einer der Besten überhaupt, ein Jahrhundertbergsteiger. Diejenigen, die nach ihm gekommen sind, haben ihm den erfolgreichen Gipfelsturm zu verdanken. Ihm selber war es nach heutigem Wissensstand leider vergönnt, auf dem höchsten Punkt der Erde zu stehen und den Himalaya unter sich zu haben. Wer war George Mallory? Um ihn ranken sich Mythen. Stand er vielleicht doch auf dem Gipfel? Oder ist er während des Anstieges kurz vor dem Ziel im eisigen Schnee verschwunden? Oder kam er ums Leben, als er sich bereits auf dem Rückweg befand? Dann müssten Edmund Hillary und Tenzing Norgay , die bis heute anerkannten Erstbesteiger, ins zweite Glied zurücktreten und die Goldmedaille abgeben. Der Engländer George Mallory beteiligte sich in den 1920er Jahren an drei Expeditionen in das Everest-Gebiet auf der tibetischen Nordseite. Während der ersten Expedition sollte das unbekannte Gebiet erforscht werden, um den geeigneten Weg zum Gipfel zu finden. Die zweite und dritte Expedition waren ganz klar dafür ausgelegt, die Erstbesteigung des höchsten Berges der Welt für Großbritannien zu sichern. Die zweite Expedition im Jahre 1922 musste auf einer Höhe von 8300 m aufgrund eines Lawinenunglückes abgebrochen werden. Dabei starben unter der Leitung Mallorys sieben Träger. Er machte sich schwere Vorwürfe und fühlte sich für den Tod dieser Menschen allein verantwortlich. Da wusste er nicht, dass ihm das schlechte Gewissen nur noch 24 Monate plagen würde. Die dritte Expedition im Jahre 1924 bedeutete seinen Tod. Am 8. Juni 1924 wurden er und sein Begleiter Andrew Irvine während des Anstieges auf einer Höhe von 8500 m gesehen. Danach verschwanden sie im Nebel und tauchten nie wieder auf. Mallory wurde 38 Jahre und Irvine, der als aufstrebender, hoch-talentierter Bergsteiger galt, nur 22 Jahre alt. Bis heute wird spekuliert, ob einer der beiden Männer auf dem höchsten Punkt stand. Da die Frage nicht beantwortet werden kann, gelten

Hillary und Norgay als Erstbesteiger, die 29 Jahre später den Berg erklommen haben. Auch als im Jahre 1999 die Leiche von Mallory im Eis gefunden wurde, konnte das Problem nicht gelöst werden. Es bleibt weiterhin offen, ob es den beiden Männern im Jahre 1924 gelungen ist, dort oben zu stehen. Der ewige Mythos Mallory lebt weiter.

Als ich mit Nare in Richtung Ringmu weiterziehe, stelle ich mir vor, ich wäre an George Mallorys Stelle gewesen, vor fast hundert Jahren als Bergsteigerpionier im Himalaya unterwegs. Ein atemberaubendes Gefühl umgibt mich, ich bin in diesem Moment sehr stolz auf mich, da ich mich jetzt genauso fühle. Ich bin der Vorreiter aus meinem urbanen Bekanntenkreis, denn wenn ich zurückkomme, gibt es viel zu erzählen und zu berichten und unzählige Bilder zu zeigen. Für meine Freunde bin ich der Pionier, der seine Eindrücke und Erfahrungen weitergeben kann, um offenbar den einen oder anderen zu solch einer Reise zu animieren. Vollgepumpt mit wunderbaren Endorphinen schreite ich den Pfad entlang. Ich fühle mich absolut sicher, die Erde trägt mich. Es ist sehr anstrengend und ich fühle mich wohl, denn der Himalaya verleiht mir Flügel. Wir laufen durch die grüne hügelige Berglandschaft Nepals auf staubigen Sandwegen und steinigen unwegsamen Pfaden, an einigen Wasserläufen und kleinen Wasserfällen vorbei. Wälder spenden uns bei sonnigem Wetter Schatten. Immer wieder ermöglicht uns die Natur auf die grüne Landschaft zu schauen, um sie andächtig bewundern zu können. Ganz weit am blauen Firmament erahnen wir in der Ferne die weißen Schneegipfel. Die letzten zwei Stunden an dem heutigen ersten Wandertag verlangen meinem Körper aufgrund der unwegsamen Steinwege alles ab. Sie erinnern mich an die Gegebenheiten in der einsamen Gurungregion, die Heidi und ich sieben Jahre vorher durchwandert haben. Seitdem nennen wir steile unwirtliche Steinpfade Gurungwege als Synonym für besondere unangenehme Kraftaufwendungen.

Nach sieben Stunden und 600 Höhenmetern kommen wir abends in Taksindu an. Hier oben ist es kühl und windig. Ich befinde mich auf der gleichen Höhe, auf dem sich der höchste Punkt Deutschlands befindet, der Zugspitze. Im

Guesthouse selber ist es ebenfalls recht frisch, da die Nepalesen zum einen aufgrund von Holzknappheit sparsam heizen und zum anderen wesentlich abgehärteter sind. Am Abendbrottisch sitze ich mit dickem Pullover, Jacke, Handschuhe und Mütze. Es gibt Nudeln mit Hühnerfleisch und Gemüse. Vorher esse ich zur Stärkung noch eine Knoblauchsuppe, die in jedem Hotel angeboten wird. Nare lade ich noch zu einem Holundertee ein, den ich kurz vor der Abreise in einer Berliner Apotheke erworben habe.

Mit vielen neuen Eindrücken und Gedanken lege ich mich nach dem Essen ins Bett. Ich bin schon gespannt, was mir der nächste Tag bieten wird. Beim Essen hat Nare mich darauf hingewiesen, dass wir ab morgen ins Gebiet der Esel kommen, und ich daher sehr aufmerksam sein soll. Auch wenn die Verständigung mit ihm auf Englisch recht gut funktioniert, bin ich ein wenig irritiert, lass aber alles auf mich zukommen. Wie hat er nur das gemeint? Morgen werde ich es erfahren.

Donkeys are coming
Be careful

Ein strahlend blauer, wolkenloser Himmel begrüßt uns, als wir gegen halb neun losmarschieren. Nare hat mir beim Frühstück bereits tolle Ausblicke versprochen und dafür gesorgt, dass mir das Wasser im Munde zusammenläuft, hinsichtlich der fantastischen Aussicht, die mich in wenigen Minuten erwartet. Die Unterkunft, in der wir gestern genächtigt haben, liegt unterhalb eines bewaldeten Passes, auf dem sich ein gemauerter überdachter Durchgang befindet, das Stadttor. Es geht ein paar Stufen dort hinauf, links und rechts einige Gebetsmühlen, die wir drehen. An der Decke sind ringsherum religiöse Verzierungen und farbenfrohe Bilder von Gottheiten zu sehen. Noch befinden wir uns im Dunkeln und sehen nichts. In der nächsten Sekunde treten wir aus dem Tor hervor und unter uns öffnet sich ein Tal mit Rhododendronbäumen. Weiter hinten sehe ich zum ersten Mal klar und deutlich die schneebedeckten Bergmassive des Himalayas. In diesem Moment fühle ich mich, als wenn ich gerade das Paradies betrete. Ich kann es nicht glauben, dass ich bereits am zweiten Tag diesen ergreifenden Moment erleben darf. Welche emotionalen Steigerungen sind noch möglich? Da Nare und ich in den nächsten Wochen weitere zweitausendvierhundert Meter überbrücken müssen, gibt es hoffentlich genügend Spielraum nach oben.

Wir schreiten auf in die gebirgige Landschaft gemeißelten Steinwegen durch teilweise dichtes Gestrüpp langsam abwärts, immer wieder mit herausragenden Blicken auf die wundervolle Natur. Da sich die windige Luft aus 3000 m verabschiedet hat und warme Wettereinflüsse den Vorzug erhalten haben, trage ich nur eine dünne Jacke über mein Wandershirt.

Wir werden über die Ortschaften Nunthala und Jubhing nach Kharikhola bis auf 2100 m hinabsteigen. Während der heutigen Tour geht es jedoch immer wieder hoch und runter, was wirklich sehr anstrengend ist. Ich spüre die Anspannung und den Kraftaufwand und versuche Nare über meinen Konditionszustand aufzuklären, indem ich ihm mit Nachdruck zu verstehen gebe, dass ich morgen einen ersten freien Tag benötige, um meinen Gelenken die nötige Pause zu verschaffen. Er nickt mir zu und bestätigt die Relevanz dieser Pause, die von ihm ursprünglich auch vorgesehen ist. Es ist sehr angenehm zu wissen, dass er sich auf mich Westeuropäer gut einstellen kann und weiß, wie weit er mich belasten kann. Es ist in meinen Augen nicht selbstverständlich, da die einheimischen Nepalesen ein ganz anderes Körperempfinden in ihrem Leben entwickelt haben. An Stellen, an denen ich mit größtem Kraftaufwand und schweißtreibenden Gesicht umher kraxele, bewegen sie sich mit einer unglaublichen Leichtigkeit und einem Lächeln auf den Lippen.

Ich begegne zwischen den Dörfern einigen Nepalesen, die verschiedene Lasten, wie Lebensmittel, Gasflaschen und nützliche Gegenstände in auf ihren Rücken befestigten großen Körben transportieren. Sowohl Männer als auch Frauen und Kinder verrichten diese schwere Arbeit. Die ganze Familie packt an. Besonders schwere und unhandliche Lasten werden in dieser Region von Eseln übernommen. Bis auf dem Wege nach Kharikhola begegnen uns viele Tiere, die umhergetrieben werden, um die Geschäfte zwischen den Bewohnern voranzutreiben. Nare gibt mir vorher Instruktionen, wie ich mich als Wanderer gegenüber ihnen zu verhalten habe, da sie auf den schmalen Wegen den ganzen Platz einnehmen. Normalerweise haben sie vor Menschen Angst, doch durch unkontrollierte Bewegungen können sie mit Ihren Lasten, zum Beispiel übergroße Gasflaschen, gedankenlose Fußgänger gehörig verletzen, geschweige vom Pfad stoßen, was im abschüssigen Gelände fatale Folgen für den Wanderer nach sich zieht. Es gibt auch aggressive Eseltreiber, die ihre Tiere mit Steinen beschmeißen, damit sie schneller an ihr Ziel kommen und nicht in die Versuchung kommen, zu trödeln. Diese Vorgehensweise führt bei den lieben Tieren automatisch zu Angst und Kontrollverlust. Da lauert die Gefahr für den tapferen Trekker. Es ist oberstes Gebot, Abstand von den Tieren zu halten und sich immer auf der gegenüberliegenden Seite des Abhanges aufzuhalten. Auf den Wegen gibt es genügend sichere Stellen, wo man sich platzieren kann. Da sich die Tiere mit Glockengebimmel rechtzeitig anmelden, hat man genügend Zeit, einen sicheren Standort zu finden, zum Beispiel eine kleine Nische in der Felswand oder eine kleine Steinmauer, auf die man sich stellen kann. Mit den Worten „Donkeys are coming, be careful" meldet Nare die kleine Gefahr an. Dieser Satz wird zu einem geflügelten Wort, das bald Kultstatus erlangen wird. Noch einige Tage nach meiner Ankunft in Deutschland erklingen mir in Tagträumen immer wieder diese Worte. Sie sind für mich zu einem Symbol der Reise geworden und verkörpern für mich das wahre Nepal. Ich werde sie nie vergessen.

Manchmal ertappe ich mich dabei, hier in Deutschland Kuhglockengebimmel mit Nares Worte zu vermischen. Ich fühle mich dann wieder in die nepalesische Bergwelt zurückversetzt und schmunzele ein wenig über meine Assoziationsgabe. Dann stelle ich fest, dass es ein hohes Gut ist, dieses Erinnerungsvermögen zu besitzen. Das macht die Reise in meinen Augen noch wertvoller. Wenn sich Eindrücke, mögen sie auf den ersten Blick unwichtig erscheinen, in dein Herz brennen, steigert sich die Wertigkeit derselbigen ins Unermessliche.

Kurz vor Jubhing überqueren wir zum ersten Mal mittels einer Hängebrücke den Dudh Kosi, den sagenumwobenen Wildwasserfluss. Er ist der höchste, steilste und schnellste Flusslauf der Welt. Das tosende Rauschen des Gewässers lässt die unsägliche Gewalt der Wassermassen erahnen. Ich verlasse die Brücke, stapfe weiter und schwelge unweigerlich in die Vergangenheit zurück. Meine Gedanken gehen an Mike Jones, den verrückten und wahnsinnigen Abenteurer, der in den 70er Jahren die Idee hatte, vom Everest mit dem Kajak den reißenden Gebirgsstrom hinunterzustürzen. Der Fluss ist mörderisch. Das Gefälle ist extrem groß, es herrschen Fließgeschwindigkeiten von bis zu 50 km/h. Ich habe keine Ahnung, was Mike Jones gedacht hat, als er mit seiner Gruppe vom Khumbu-Gletscher auf 5300 m Höhe startete, um dann hundertdreißig Kilometer durch wilde, atemberaubende Schlünde zu fahren, bis sich der Fluss ungefähr viertausend Meter tiefer in den Sun Kosi verabschiedet.

Der Dudh Kosi, der seinen Namen aufgrund der hellen Farbe des Wassers bekommen hat (Milchfluss), das sind trügerische Stromschnellen, eine unfassbare Geschwindigkeit, meterhohe Wasserwalzen, riesige Strudel und eisige Temperaturen. Die vielen Gedanken hat Mike Jones in den Karakorum mitgenommen und dort gelassen, als er zwei Jahre später bei einem neuen Kanuabenteuer sein junges Leben verlor, als er einen Freund vor dem Ertrinken retten wollte.

Bei herrlichem Wetter geht es weiter Richtung Kharikhola, unserem heutigen Zielort, den wir abends nach einer harten langen Wanderung glücklich erreichen. Es ist ein wunderschöner Gebirgsort in einer ganz tollen Lage. Viele Häuser befinden sich in den steilen Hängen, steinige unwegsame Pfade säumen den Ort. Selbst ein Besuch zum Nachbarn entwickelt sich für den Westeuropäer zu einem anstrengenden Spaziergang. Die bunten Wellblechdächer schenken dem Betrachter bei sonnigem Wetter ein lustiges Farbenspiel. Es ist für mich eine große Ehre, von Nares Familie zum Abendessen eingeladen zu werden. Ich darf mit der gesamten Familie in der Küche zusammen essen. Alle sind sehr herzlich und freundlich zu mir. Sie sind stolz und freuen sich auf den seltenen besonderen Besuch aus

Deutschland. Es wird Dal Bhat aufgetischt, das Nationalgericht. Es besteht hauptsächlich aus Linsensuppe, Reis und Gemüse der Saison. Dal Bhat ist in allen Ländern Südasiens und besonders in Nepal verbreitet. Mit scharfen asiatischen Gewürzen schmeckt es fantastisch. Dazu gibt es leckeren Milchtee. Die nepalesischen Dorfbewohner sind sehr bescheiden und geben ungern uns Westeuropäern ihre einfache Lebensweise preis, da sie sich des europäischen Standards bewusst sind. Nare hat aber in mir einen demütigen, naturbewussten Menschen erkannt, der das nepalesische Gebirgsleben verinnerlichen möchte. Das macht mich sehr stolz. Ich habe das Gefühl, dass er nicht jeden Menschen einladen würde. Bei mir weiß er, dass ich ihn, seine Familie und ihre Lebensart respektiere. Ich spüre seinen Stolz und seine Freude, mich als dankbarer Gast begrüßen zu dürfen. Es sind wunderbare Momente, die ich mit wunderbaren Menschen erleben darf. Ob Edmund Hillary auch diese Erlebnisse erfahren durfte? In der Tat! Am nächsten Tag, ich habe dann trekkingfrei, bekomme ich die Antwort.

Nur eines möchte ich noch anmerken: Welche Menschen definieren das einfache Leben im Vergleich zum sogenannten europäischen Standard. Das sind wir Europäer doch selber. Haben wir überhaupt das Recht dazu, dementsprechend zu urteilen. Woher nehmen wir uns das Recht? Das sogenannte einfache Gebirgsleben in Nepal ist in den dortigen Regionen Standard. Warum erniedrigen wir diesen Standard zur Einfachheit? Und ist Einfachheit ein Negativum? Man kann diese Gedanken in eine Endlosspirale setzen. Ich beende hiermit die in Gang gesetzte Gedankenspirale mit folgender Feststellung:

Die nepalesischen Frauen in den einsamsten Gegenden haben wundervoll gepflegtes, mit Schmuckbändern verziertes Haar. Sie tragen saubere, bunte Kleider und verfügen über ein gepflegtes Äußeres. In der Weltstadt Berlin treffe ich öfters auf Leute, wo ich mir dann die Frage über den Unterschied Einfachheit und Standard stellen kann. Eine Wertung verbietet sich aus Respekt vor jedem Menschen.

Nach dem Abendessen begleiten mich Nare und sein jüngster Sohn zum Kahrikhola Guest House, meine Bleibe für die nächsten zwei Nächte. Es ist kurz um die Ecke, von mir frei übersetzt. Da es schnell dunkel geworden ist, tappen wir im Dunkeln über unwegsame Steinpfade hoch und runter, eine gefühlte halbe Stunde. Da ich auf diese kleine Wanderung nicht vorbereitet war, fehlt mir eine Taschenlampe, die absolut notwendig ist, um sich nicht die Knochen zu brechen. Nare hilft mit seinem Smartphone aus und leuchtet mir den Weg, auf dem Rücken das ganze Gepäck. Gesund und munter kommen wir an, ich bin total geschafft. Nach dem Einchecken gehe ich auf mein Zimmer. Nare gibt mir noch die nötigen Instruktionen; ausgelaugt, müde aber total glücklich falle ich auf mein Bett. Namaste Kharikhola.

Das Kloster von Kharikola befindet sich auf einer Anhöhe, dem höchsten Punkt des Ortes. Während unserer Vormittagswanderung dorthin werden wir von einem blauen Himmel mit lachender Sonne begleitet. Diese Spaziergänge an freien Tagen dienen der Akklimatisierung, die für den weiteren Verlauf der Tour wichtig ist. Gebetsfahnen wehen im Wind und beschenken uns mit guten Gebeten. Am Kloster drehen wir Gebetsmühlen, laufen die Kora und beten im Inneren des Gebäudes. Wir meditieren und genießen die Stille der Natur, überall hängen die bunten Fahnen, die uns die nötigen Gedanken und Empfindungen spenden. Es tut mir sehr gut, ein wenig zu entspannen, mit dem Bewusstsein, heute nicht durch die Gebirgswelt zu wandern, sondern am Nachmittag sich aufs Ohr legen zu können. Nach dem Klosterbesuch gehen wir zur ortsansässigen Schule, wo Nares Kinder unterrichtet werden. Mit Stolz zeigt Nare den Neubau und freut sich über mein Interesse. Ich frage ihn, ob ich für die Schule etwas Geld spenden kann. Er stellt sofort den Kontakt zum Schulleiter her und wenig später sitzen wir in dessen Büro. Nachdem ich meine Spende abgegeben habe, zeigt er mir ein Plakat über wichtige Personen, die die Schule im Laufe der Geschichte unterstützt haben. Es taucht unter anderem der Name Edmund Hillary auf. Also muss er hier gewesen sein, wow! Für mich ein in dem Moment beeindruckendes Gefühl. Erst später, wieder in Deutschland angekommen, erfahre ich, dass Sir Edmund Hillary nach seiner Erstbesteigung mit Tenzing Norgay, mithilfe seiner Berühmtheit und sehr viel Bescheidenheit und Demut viele Jahre in Nepal Entwicklungshilfe geleistet hat. Durch Selbstfinanzierung hat er Krankenhäuser sowie Schulen in der Khumbu Region in Nepal bauen lassen. Mit vielen neuen Eindrücken und Gedanken gehen Nare und ich zur Unterkunft zurück. Nach einem kräftigen Mittagessen gönne ich mir eine Mütze Schlaf. Es tut gut, seinen Körper einfach mal ausstrecken zu können. Ich bin mir unsicher, ob ich schlafe oder mich in einem Tagtraum befinde.

… Edmund Hillary, George Mallory, Reinhold Messner und meine Wenigkeit sitzen in einem gelben Zelt am Basislager und trinken Bier. Jeder erzählt seine Geschichte, wie er sie am Berg erlebt

hat. Ich darf Zeitzeuge eines einmaligen Gespräches sein. Während wir plaudern, auch ich erzähle meine Geschichte, kommt leise ein Sherpa in das Zelt und reicht uns Dal Bhat mit frischem Yakfleisch, eine Delikatesse für einen besonderen Tag. Ich bin stolz, Mitglied dieser illustren Runde zu sein. Das für mich Ergreifende ist, in dieser Gesellschaft bin ich ein ebenbürtiger Gesprächspartner. Was ich erfahre, wird man in keinem Buch lesen. Kein Dokumentarfilm wird je darüber berichten. Alles Gesprochene und Erzählte trage ich in meinem Herzen. Ich sehe, wie sich George Mallory und Edmund Hillary kurz umarmen. Manchmal denke ich, dass George doch oben war, er hat in seiner Erzählung gewisse Anmerkungen gemacht, die darauf schließen könnten. Aus Respekt vor seinem älteren Gesprächspartner aus Neuseeland, lässt er es darauf beruhen. Beide Männer wissen, worüber sie reden. Reinhold nickt anerkennend und berichtet über seinen Bruder, der am Nanga Parbat starb. Es fällt ihm schwer, darüber zu reden. Ich meine zu erkennen, dass Tränen über seine Wange rollen, seine Stimme wird leiser. Stille umgibt uns, nur die Geräusche des peitschenden Windes sind zu vernehmen. Die drei Bergsteiger prosten mir zu und wünschen mir für meine Reise viel Glück ...

Auch wenn ich keinen persönlich kenne und mich fast 70 Jahre nach der Erstbesteigung im Everestgebiet aufhalte, fühle ich mich mit dieser Region derart verbunden, dass ich laufend von Gänsehautgefühlen begleitet werde. Durch viele Bücher und faszinierende Bildbände sind Empfindungen in mir eingebrannt, die mir das Gefühl geben, hier geboren zu sein. Es ist meine Heimat der Schneeberge, es sind meine Steinpfade, es sind meine Gebirgsflüsse, es sind meine Wälder, es sind meine Steinlandschaften, es sind meine Yaks und meine Sherpas.

Ich bin wieder da! Ich bin wieder zurück!

Und dann steht urplötzlich Panuru Sherpa in der Wirtschaft, in der ich nächtige. Nare und ich essen zu Abend, als er im Türrahmen erscheint. Durchtrainiert, gebräunt, mit wettergegerbtem Gesicht. So sieht also ein richtiger Bergsteiger aus, kommt es mir in den Sinn. Er nimmt an einem Einzeltisch Platz, bestellt sich ein Bier, trinkt es in einem Zug aus und schaufelt dann zwei große Portionen Dal Bhat in sich hinein.

Durst und Hunger scheinen sehr groß zu sein. In dem Guest House ist er dem Anschein nach bekannt, Nare unterhält sich mit ihm in seiner Landessprache. Er will heute Abend noch nach Bupsa gehen, der nächstgelegene Ort. Er benötigt für die Strecke eine Stunde, ich drei Stunden, wie ich morgen feststellen werde. Im weiteren Gespräch erfahre ich allmählich, was der Mann vorhat. Er läuft den Everest Trek zum Basislager, dort wird er von seinem Team erwartet. Er leitet eine Expedition, meine Augen werden immer größer, er scheint Expeditionsleiter zu sein, nicht für irgendeine Expedition, sondern für **die eine** Expedition! Zum Gipfel, auf den Everest, den höchsten Punkt.

Als er sich verabschiedet und gehen will, begreife ich langsam den Sachverhalt. Ich stehe ungläubig auf und gehe auf ihn zu. Ich frage ihn, ob er schon jemals den Berg bestiegen hat. Er lacht mich freundlich an und sagt ja. Ich kann es nicht begreifen, dass ich zum ersten Mal in meinem Leben einer Person begegnen darf, die den Everest erklommen hat. Ich sage ihm, dass es mir eine große Ehre ist, ihn kennenzulernen, er ist der erste Mensch, den ich treffe, der wirklich auf dem

Gipfel gewesen ist. Er freut sich darüber, vielleicht findet er es auch ein wenig lustig, dass ich ihm mit so viel Demut begegne. Er gibt mir seine Visitenkarte und lädt mich in sein Haus in Kathmandu ein, mit dem Hinweis, er hätte unzählige Fotos von seinen Erlebnissen, die er mir zeigen kann. Dann zieht er von dannen und verschwindet in die Natur. Ich gehe zu meinem Platz zurück, erkläre Nare meine Begeisterung. Ich bin in diesem Moment so mit Endorphinen aufgeladen, dass mich Nare lachend anschaut. Vielleicht ist es bei ihm auch ein wenig Ungläubigkeit über meine Begeisterung. Dann schaue ich mir die Visitenkarte an, die ich wie ein Goldschatz behüte. Panuru ist Mitbegründer und Geschäftsführer einer Firma, die im Himalaya Trekkingtouren anbietet und Expeditionen leitet. Zufällig drehe ich die Karte um. Was ich da lese, haut mich um. Es handelt sich um eine tabellarische Anordnung von Gipfeln mit Höhenangabe und die Anzahl ihrer Begehungen. Darunter sind sechs Achttausender aufgeführt, der Everest mit 13 und der Cho-Oyu mit 14 Erfolgen! Nun wird mir erst klar, wen ich vor wenigen Minuten getroffen habe. Durch diese kurze Bekanntschaft mit einem leibhaftigen Everestbezwinger rückt der Berg noch näher an mich heran, als er es schon ist. Energiewellen vom Gipfel des Everests übertragen sich durch Panurus Körper auf meine Himalayseele. Unglaubliche Dinge passieren im Leben. Ich spüre den eisigen Wind in mir, fühle die unbarmherzige Kälte, empfinde den harten Stein und schmecke den Schnee. Ich genieße die Sonne und den einzigartigen Gipfelblick und stecke meine Gebetsfahne in das Eis. Jetzt erfahre ich einen der bedeutsamsten Augenblicke dieser Reise.

Nichts ist gemütlich in den Bergen

Warum Wetter- und Wegegott meinen, mir den Erholungseffekt des freien Tages zu versauen, ist mir nicht bekannt. Als wir losgehen, bin ich guten Mutes. Ich bin ausgeruht, „relaxed" (eines von Nares Lieblingswörtern). Der Ruhetag hat sich für mich in diesem Moment ausgezahlt. Noch ahne ich nicht, dass wir beide heute 9,5 Stunden unterwegs sind. Nare wird gnädig mit mir sein und 2 Stunden Mittagspause einbauen, die bitternötig sind. Auf den bekannten unwegsamen Steinpfaden geht es 600 m hinauf auf 2700 m. Die gesamte Wolkenfamilie hat sich entschieden, ihrerseits einen Erholungstag einzulegen. Sie sind nicht anwesend, um mir gelegentlich Schatten zu spenden. Dadurch fühlt sich alles sehr warm und sehr anstrengend an. Aufregend wird es, wenn urplötzlich bei einem anstrengenden Anstieg auf steilen, schmalen und steinigen Pfaden dir auf einmal eine Horde Esel angekündigt wird, die plötzlich um die Ecke gejagt kommt. Dieses Mal geht alles schneller, weil die lieben Tiere ausnahmsweise kein schweres Gepäck mit sich führen. Das haben sie nach Bupsa gebracht. Ich springe schnell auf einen felsartigen Absatz und kann die Aktion sogar noch fotografisch festhalten. Staub wirbelt auf, und schon sind die Tiere wieder verschwunden. Nare schaut mich anerkennend an und freut sich, dass ich mich binnen kurzer Zeit an das nepalesische Gebirgsleben angepasst habe. Bei der nächsten kurzen Rast reicht er mir eine Cola. Ich stelle fest, dass dieses Getränk bei solch einer Tour dank des Zuckers und des Koffeins als unterstützende Maßnahme zu bewerten ist. Wir wandern weiter durch die wundervolle Natur, die ich trotz der Anstrengung jede Sekunde genieße. Ich stelle hier in der Gegend eine tiefe tibetische Verbundenheit fest, überall ist der Dalai Lama gegenwärtig. Seine Bilder hängen vielerorts in den Gaststuben. Nicht nur Welcome und Namaste, sondern auch der tibetische Gruß Tashi Delek wird oft verwendet, frei übersetzt auf Deutsch: viel Glück.

Das Volk der Sherpa stammt aus der osttibetischen Region Kham und wanderte vor 300 bis 400 Jahren in den Zentral-Südhimalaya ein. Vor allem im Osten Nepals haben sich die Sherpa niedergelassen. Kerngebiet ihrer Verteilung ist der heutige Distrikt Solukhumbu, in dem ich mich in diesen Wochen aufhalte. Im 19.Jahrhundert haben sich die Sherpas zum ersten Mal auf sich aufmerksam gemacht, als die ersten Expeditionen und Handelskarawanen in den Himalaya kamen. Der 5716 m hohe Gebirgspass Nangpa La wurde als Handelsroute zwischen China und Indien genutzt. Die Sherpa kannten den Höhenweg und waren den Aufenthalt in großen Höhen gewohnt, da sie sich im Laufe der Zeit den Wetterbedingungen genetisch angepasst haben. Und sie konnten mit den Yaks, die für diese Region als Lastentiere auch noch heute unverzichtbar sind, sehr gut umgehen. So haben sich die Sherpas im Laufe der Jahre einen tadellosen Ruf als Routenleser und Lastenträger erarbeitet. Sie wurden immer wieder als Träger, Bergführer, Kundschafter und Koch eingesetzt. Bis zum Ende des Zweiten Weltkrieges war Ausländern die Einreise nach Nepal verwehrt. Daher gingen viele junge Sherpas ins indische Darjeeling, um hier ihre Dienste anbieten zu können. Unter ihnen war auch Tenzing Norgay, der zusammen mit Edmund Hillary am 29. Mai 1953 als erster Mensch auf dem Everest stand und damit weltweite Anerkennung für die Sherpa erlangte.

Als Nare und ich abends in unserer Pension in Poyan eintreffen, begrüßt uns der Dalai Lama mit seinem berühmten Lachen. Ich spüre, er hat uns den ganzen Tag begleitet und behütet. Seine schützende Hand hält er über uns. Wir haben den Platz so gewählt, dass er uns die ganze Zeit anschaut. Mir scheint, er nimmt mit uns beiden tapferen Wanderern das Abendessen ein.

Dennoch träume ich in der Nacht nicht von ihm. Mein tiefer Schlaf führt mich zu anderen Gedanken …

…es wackelt heftig hin und her, der Wind pfeift um meine Ohren, ich taumele in endlosen Schwindelgefühlen. Unter mir nehme ich ein Rauschen wahr, ich denke, ich stürze ab, werde irgendwie festgehalten und schwanke weiter. Meine Hände spüren blankes Metall, dauernd klappert etwas undefinierbares. Edmund geht gerade in stoischer Ruhe leicht an mir vorbei und grüßt respektvoll und wünscht mir alles Gute. Ich kann die Situation schwer einschätzen, konzentriere mich nur auf mein Tun, weil ich jede Sekunde die Befürchtung habe, über die Reling zu

fallen. Ich bin doch nicht auf dem Meer, was ist nur mit mir los? Während Edmund ruhig weiter voranschreitet, als würde er spazieren gehen, habe ich alle Hände voll zu tun. Bunte Tücher wehen in mein Gesicht, ich habe Angst, den Überblick zu verlieren, geschweige gar keinen Blick erhaschen zu können. Ich gehe weiter und weiter und spüre, es funktioniert auf eine Art und Weise, die mir vorher unbekannt war. Immer weiter, denke ich mir. Urplötzlich geht alles zu Ende und ich habe wieder festen Boden unter mir ...

Langsam werde ich wach und stelle fest, dass ich davon geträumt habe, wie ich vor zwei Tagen über meine erste Hängebrücke gelaufen bin. Die alten Brücken sind im Laufe der Zeit durch Metallhängebrücken ersetzt worden. Zwei dicke Schwerlaststahlseile auf jeder Seite, eines oben und eines unten, sind an dicken Felsblöcken arretiert und über den Fluss gespannt. An dem unteren Seil sind in bestimmten Abständen Metallträger befestigt, auf denen gitterförmige Metallplatten mit Schwerlastschrauben angebracht sind. Obwohl die Brücke bei jedem Schritt hin und her wackelt, ist sie sehr robust und stabil. Auch wenn sie auf mich im ersten Moment unsicher wirkt, vermag sie Tonnen zu tragen. Damit man nicht runterfällt, ist auf beiden Seiten eine Art Maschendraht zwischen dem unteren und oberen Trägerseil befestigt. Es ist sehr windig, der Fluss rauscht unter mir, Gebetsfahnen wehen umher. Während Nare ganz locker rübergeht, ist es für mich ein kleiner Kraftakt, vor allem mental. Mein Guide ist bestimmt schon tausende Male darüber gegangen. Als ich festen Boden wieder unter mir habe und sich mein Gleichgewicht stabilisiert hat, frage ich mich nur, was geschehen wäre, wenn mir Esel entgegengekommen wären. Und als wenn ich es geahnt hätte, treffe ich in der nächsten Kurve auf eine Horde mit Gasflaschen vollgepackter Esel. *Be Careful, donkeys are coming!* Ich springe gekonnt zur Seite und drehe mich um, nach dem die Tiere mich passiert haben. Sie galoppieren über die heftig wackelnde Brücke und verschwinden in der Natur. Dieser Auftritt beruhigt mich ungemein. Nun habe ich live miterlebt, dass die Brücken hier in Nepal einiges aushalten.

Am nächsten Morgen gehe ich bei strahlend blauem Himmel auf die nahe gelegene Terrasse, um mich dort an einem kleinen Brunnen zu waschen. Die grüne hügelige Landschaft im Vordergrund begrüßt mich, im Hintergrund der Mera Peak mit seinem schneeweißen Gipfelmassiv. Er ist zum Greifen nah. Dieses Bild steigert meine Vorfreude auf den Hochhimalaya, in dem ich mich noch nicht befinde. Für mich ist es immer wieder ein faszinierendes Gefühl, das Bewusstsein zu erlangen, wirklich in dieser Region, mit meinem eigenen Körper zu stehen und die gesamte Natur bewundern zu können. In mir steigen Glücksgefühle ungeahnten Ausmaßes hoch. Jeder Tag bringt mich meinem Ziel näher, und es liegen noch schöne, viele Tage vor mir. Mit diesem Wissen bereitet sich in meiner Seele Harmonie aus. Diese Momente sind Balsam für meine durch den Berliner Alltag geschundene Seele. Ich weiß, dass es noch viele solcher Momente auf dieser Reise geben wird. Ich befinde mich gerade auf einer von mir gewollten privaten gesunden Rehabilitation, die aber frei von den Merkmalen einer Reha ist, die wir im ursprünglichen Sinn kennen. Mit dieser

Erkenntnis gehe ich freudestrahlend zum Frühstück.

Heute bestelle ich zusätzlich eine Knoblauchsuppe, weil ich festgestellt habe, viele Wanderer tun das. Die nepalesische Küche arbeitet viel mit diesem gesunden Gewürz. Knoblauch gibt Kraft und verdünnt das menschliche Blut. In diesen Höhen ist das bestimmt ein Vorteil. Ich habe das Gefühl, dass Knoblauch meine Lungen frei pustet und somit meine Ausdauer verbessert. Trekker, Wanderer und die einheimischen Familien, sie alle essen Knoblauch den ganzen Tag über. Das ganze Land hängt unter einer einzigen Knoblauchwolke, die deinen eigenen Geruch aufsaugt und zur Bedeutungslosigkeit verdammt. Ich bin beruhigt, dass ich niemanden belästige.

Heute kommen wir in die Nähe des berühmten Flughafens von Lukla, einer der gefährlichsten der Welt. Ich habe meinen zeitlichen Ablauf so festgelegt, dass ich auf den Flug von Kathmandu nach Lukla verzichten kann. Die meisten Touristen nehmen ihn aus Zeitgründen in Anspruch. Mein Bauchgefühl riet mir bereits während der Reiseplanungen in Deutschland, nicht zu fliegen, denn die Sache ist nicht ganz ungefährlich. Die kurze Landebahn in Lukla und die Wetterunbeständigkeit spielen eine große Rolle. Auf dem Rückweg werde ich durch Lukla gehen und mir den Flughafen genauer anschauen. Eine Attraktion ist er allemal. Durch den Flugverzicht habe ich die wundervolle Natur zwischen Phaplu und Lukla kennenlernen können. Es ist in meinen Augen vor allem der Vorhimalaya, in dem ich mich zurzeit befinde, der die Vorboten der Begeisterung durch die Natur trägt. Er bringt mir die Endorphine, die ich verdiene, um in vollster Harmonie durch die Landschaft zu wandern. Ich stehe oft auf einem Hügel und schaue in das Tal der schimmernden bunten Wellblechdächer, denen die Farben der Gebetsfahnen geschenkt wurden.

Somit sind die Häuser der Einheimischen mit den fünf Elementen Himmel, Wind, Feuer, Wasser und Erde durch die Farben Blau, Weiß, Rot, Grün und Gelb eng verbunden.

Urplötzlich vernehme ich Motorengeräusche, bin überrascht, da ich in diesem Moment nicht damit gerechnet habe, weil wir beide gerade von Stille umgeben sind. Nare sagt mir, dass wir uns bereits in der Nähe der Einflugschneise von Lukla befinden, aber nicht in den Ort gehen, sondern in das westlich gelegene Muse, einem winzigen Ort in den Bergen Nepals. Dort befindet sich unsere nächste Pension, in der wir heute Nacht schlafen werden. Und dann sehe ich die kleine Maschine, zerbrechlich wie eine Streichholzschachtel. Sie tankt sich durch die Luft, scheint stehen zu bleiben, voller Angst und Respekt vor dem, was vor ihr ist. Die Landebahn soll nur 500 m lang sein.

Am Ende befindet sich eine Felswand. All das sehe ich nicht, da wir doch zu weit weg sind und einige Wälder die Sicht versperren. Ich höre nur,

wie die Maschine landet. Nach dem Motorengeräusch zu urteilen, ist alles gut gegangen.

Ich bohre Nare mit Fragen nach diesem
Flughafen. Er gibt mir zu verstehen, dass wir eine
Nacht in Lukla verbringen werden. Da werden
alle meine Fragen beantwortet. Er grinst mich
vielversprechend an und meint, ich solle mich
nun auf die schöne Natur konzentrieren und die
Luft in mir einatmen und genießen. Irgendwann
wird es kälter und ungemütlicher werden. Das
Hier und Jetzt ist das Entscheidende. Meine
Neugier wächst natürlich mit diesen Worten ins
Unermessliche. Meine Vorfreude auf die komm-
enden Ereignisse in den nächsten Tagen ist groß.

Ich denke an Lukla, an Namche Bazar, an den
Hochhimalaya, an das Everest Memorial, an
Lobuche, an den Khumbugletscher, an Gorek
Shep, an das Everest Base Camp. Ebenso denke
ich an die Kälte, an den Schnee, an den Sturm, an
die Einsamkeit und Hilflosigkeit.

Ich ziehe meine Jacke aus, sitze im T-Shirt auf
einem Stein, trinke Cola und sauge die Natur in
mir auf, die ich vor mir erblicke. Was wird
geschehen, was wird kommen? Die
Unplanbarkeit dieses Unterfangens, in dem ich

mich zurzeit befinde, ist faszinierend und gleichzeitig ein wenig beklemmend. Ich gehe in mich und meditiere, während der Sonnenschein mir die wohlige Wärme spendet. Ich bin gerade zu dem Entschluss gekommen, dass die Faszination überwiegt. Im Unterbewusstsein spüre ich allerdings, dass ein Ereignis meine Gedanken neu ordnen wird. Die Wertigkeit des Lebens wird in ein anderes Licht gerückt, der Sinn des Lebens mit all seinen Ängsten neu definiert. In diesen Momenten ist man ganz klein und auf sich alleine gestellt, den Gesetzen der Natur ausgeliefert. Eine gute Unterstützung ist das Einbeziehen des Universums mit all seinen Engeln, viele Menschen sagen dazu auch Gottvertrauen.

Ich gehe zusammen mit Nare weiter, mit festem Schuhwerk auf unebenen Pfaden. Ich spüre meine Knochen, ich spüre meinen Rücken, bin aber von Glückseligkeit umgeben. Uns kommen zwei Neplaesen mit einer Horde Donkeys entgegen. Wir machen geschickt Platz und sie passieren uns. Aus einem Handy ertönt gefühlvolle nepalesische Musik, die einen beschwingt. Die Musik ist genauso schnell gegangen, wie sie gekommen ist. Ein kurzer, erquickender Moment, der in wohltuende Stille übergeht. Heute sind wenig Leute unterwegs, was die Folge hat, dass Nare und ich eine geraume Zeit alleine durch die Wildnis gehen können. In drei Tagen kann sich das Blatt wandeln, da wir dann in Namche Bazar aufschlagen werden, dem Tor des Hoch-himalayas. Viele Trekker werden dann aus Lukla erwartet, die aus Kathmandu eingeflogen sind. Darauf freue ich mich nicht unbedingt. Aber man muss nehmen, wie es kommt. Auch das meistere ich. Vielleicht gibt es ja kurze freundliche Gespräche mit gleichgesinnten Trekkern, das kann dann wieder aufmunternd sein. Die hochnäsigen Wanderer, die es leider auch gibt, werde ich geschickt umkurven.

Wir machen auf einem Felsen Rast und verschnaufen einige Minuten. Ein paar Wolken haben sich vor die Sonne geschoben, Wind kommt auf. Nüsse, Ingwer und ein Energieriegel sind eine willkommene Energiezufuhr. Nare erzählt mir beiläufig, dass er den Luklaflug noch nie in seinem Leben in Anspruch genommen hat. Ich will wissen, warum. Er winkt nur ab und sagt, er geht lieber zu Fuß, das ist sein Leben, das ist seine Bestimmung. Die Götter haben den Menschen die Füße gegeben, um zu laufen, die Götter haben den Menschen den Verstand gegeben, um zu erkennen, dass das Fliegen des Vogels Bestimmung ist. Alles andere sei ein Eingriff in die Natur, den die Menschheit manchmal mit dem Leben bezahlt. Vielleicht hat Nare auch einfach zu viel Respekt vor dem Flug.

Am späten Nachmittag kommen wir nach 5 Stunden in Muse an. Wir befinden uns auf einer Höhe von 2600 m. In dem großen Essraum befindet sich an der linken Stirnseite eine Art buddhistischer Altar aus altem Holz. Er ist geschmückt mit Blumen, Teelichtern, heiligen Verzierungen, zwei Statuen, die hochrangige Gottheiten abbilden und einigen Fotos von wichtigen Lamapriestern. In der Mitte der offenen Vitrine entdecke ich ein kleines Bild vom 14. Dalai Lama, dem geistlichen Oberhaupt der Tibeter, die seit Jahrzehnten von den Chinesen auf brutale Weise unterdrückt werden.

Nare verneigt sich vor der heiligen Stätte und murmelt ein kurzes Gebet. Dann setzt er sich zu mir. Aus Respekt stehe ich auf und tue ihm gleich.

In mir entwickelt sich ein angenehmes Gefühl, auch wenn ich kein Buddhist bin. Es ist die spirituelle Verbindung zu etwas Höherem, die einem den Glauben vermittelt, auf den Wegen Nepals behütet und beschützt zu sein, unabhängig, welcher bzw. ob man einer Religion angehört. Dieser Altar verbindet mich in diesem Moment mit dem Universum, welches in seiner ganzen Mannigfaltigkeit über uns schwebt. Und der Dalai Lama mittendrin, als Vertreter der Menschheit, dem Bindeglied zwischen dem Greifbaren und dem Ungreifbaren. Mit diesen Eindrücken verabschiede ich mich in die Nacht.

Ich spüre, dass ich dem Hochhimalaya näherkomme, Schritt für Schritt, Stein für Stein. Jeder Kraftaufwand, jede Schweißperle öffnet mir den Vorhang zu den schneeweißen Massiven.

Ich wache mit guten Gedanken auf und freue mich auf den heutigen Tag, der uns in den Ort Phakding auf 2700 m Höhe führt. Der Tourenplan meint es gnädig mit mir, da meine strapazierten Beine mich nur 4 Stunden durch die prachtvolle Natur tragen müssen. Es ist angenehm, auch Tage zu erleben, an denen die Strecken nicht so lang sind und man sich bereits zur Mittagszeit im Guesthouse befindet. Der Nachmittag dient zur Erholung und zur gleichzeitigen Akklimatisierung. Ich bedaure viele andere Wanderer, die von Lukla aus, ihre Tour starten, um dann in vierzehn Tagen zum Basislager und wieder zurück zum Flughafen zu gehen. Einige überschätzen sich, da ihnen gar nicht bekannt ist, welche Anstrengungen auf einen zu kommen. Daher bin ich heilfroh, einige Ruhetage in den Plan eingebaut zu haben. Diese Ruhetage sind für mich der Schlüssel zum Erfolg. An diesen Tagen ist Regeneration angesagt. Regeneration bedeutet aber nicht, dass man den ganzen Tag auf seinem Zimmer liegt, sondern unbedingt an die frische Luft geht, um einen Spaziergang zu unternehmen. Mit jedem weiteren Tag hier im Solukhumbu verbessert sich auch meine eigene Kondition. Obwohl ich im ersten Moment das Gefühl habe, dass mir jeder Wandertag Kraft und Energie raubt, verspüre ich im zweiten Moment genau das Gegenteil. Je länger man sich hier aufhält, desto stärker fühlt man sich. Die kräftezehrenden Wanderungen geben mir die nötige Energie für die folgenden Tage. Bin gespannt, für welchen Zeitraum diese Formel gilt. Irgendwann ist der Akku aufgeladen, um sich bei Betätigung langsam wieder zu entladen. Dann kommen die Erholungstage ins Spiel, um den Entladungsprozess zu unterbrechen, bzw. den Aufladevorgang wieder in Gang zu setzen. Diese hohe Kunst der Körperbeherrschung wird nicht von jedem Trekker betrieben. Diese Umstände können mit einem Helikopterflug nach Kathmandu enden, wo dann der kraftlose Wanderer in irgendeinem Krankenhaus von kompetenten Ärzten versorgt und wieder hergestellt wird. Für diese Menschen ist die Tour leider beendet. Sie sind mit einem Schrecken davongekommen. Dennoch sollte sie Dankbarkeit erfüllen, da sie für nächstes Jahr eine weitere Tour planen können, um ihren Traum vom Basislager zu erfüllen. Und wie ich weiterwandere, träume ich von den wehenden Gebetsfahnen ganz oben im Hochhimalaya und von der eisigen Luft, die mich erwarten wird. Ich denke an Grenzerfahrungen und an den schwindenden Mut, der mich zum Umkehren bewegen kann. Dann denke ich an den wunderbaren Nare, der mich durch das felsige und steinige Gelände bringen wird. Ich träume, dass ich mit ihm am Basislager stehe, erschöpft, aber voller Endorphine, Arm in Arm, mit glänzenden Augen, die meinen Stolz in die weite Welt tragen.

In der nächsten Sekunde springen meine Gedanken zurück und beschäftigen sich mit Nares Einstellung zum Fliegen und was die Götter zu diesem Thema zu sagen haben. Ich halte inne und schaue in die Ferne und komme ins Grübeln. Darf ich überhaupt hier sein, um die wunderbare Landschaft mit all ihren spirituellen Sinnen einzuatmen, unter den Reisevoraussetzungen, die mir gegeben sind? Bin ich konsequent? Wenn ich an mein Langstreckenflugticket denke, muss ich die Frage mit Nein beantworten. Ich beruhige mich mit dem Gedanken, dass Nare durch meine Tour gutes Geld verdient und seine Familie in dem nepalesischen Bergdorf über die Runden kommt. Das Geld verdiene ich wieder durch meinen anstrengenden Beruf, der es mir aus Zeitgründen nicht erlaubt, zu Fuß nach Nepal zu kommen. Bin ich einmal hier in diesem Land, verhalte ich mich respektvoll gegenüber den Tieren, den Menschen und der Natur, woraus die Region einen unermesslichen Nutzen zieht. Während eine Horde Esel an mir vorbeizieht, gehe ich mit einem beruhigenden Lächeln weiter des Weges in Richtung Schneeberge, in Richtung Kälte, in Richtung Grenzwertigkeit und in Richtung Erleuchtung.

Am Abend in der Unterkunft in Phakding habe ich die Möglichkeit, mich mit dem Chef des Hauses über die Spiritualität des Buddhismus zu unterhalten. Er ist sehr feinfühlig und erinnert mich an den Medizinmann des Indianervolkes aus dem Film *Der mit dem Wolf tanzt*, bei dem Kevin Costner eine neue Sichtweise des Lebens kennenlernt und selbst zum Indianer wird. Er erzählt vom Kailash und vom Dalai Lama.

Ich höre seinen Worten gespannt zu und lächele ihn an. Für mich sind es nicht nur Worte, sondern unvergessene Mantren, die mich begleiten sollen. Ich erzähle ihm, was ich vorhabe und welche Gedanken mich beschäftigen und spreche über Nepal, Tibet, den Himalaya und meine Empfindungen für das Land und der Bewohner. Ihm sage ich, dass ich morgen in Namze Bazar ankomme, dass ich mich wahnsinnig darauf freue, endlich den Hochhimalaya spüren und erleben zu können.

Als ich mich zur Nachtruhe verabschiede, spüre ich eine enge Verbindung. Auch er ist mir für dieses Gespräch sehr dankbar, und wir sagen uns auf Tibetisch Gute Nacht.

Nepalesische Kinder auf dem Weg zur Schule

Kiosk an der Straße im Vorhimalaya

Die Verabschiedung am nächsten Morgen ist sehr herzlich und angenehm. Sie gibt mir viel Kraft für die nächsten Stunden und womöglich für das gesamte Vorhaben hier in der Wildnis. Als wir das Hotelgelände verlassen, strömen aus allen Ecken Trekker aus der ganzen Welt zum Hauptweg. *Oh Gott*, das ist mir selbst zu viel. Ja, die Moderne der Technik hat auch hier nicht Einhalt geboten, in Form der Möglichkeit, von Kathmandu nach Lukla zu fliegen. Da wir uns bereits nördlich des Ortes befinden, nimmt die Anzahl der Trekker nun merklich zu. Zum Glück verläuft es sich nach einer Stunde, da ich mal wieder der langsamste, einsamste aber glücklichste Wanderer bin.

Kurz hinter Monjo beginnt der Sagarmatha National Park. Sofort spüre ich die Verbindung zum Everest, dem die Nepalesen den Namen Sagarmatha gegeben haben, was so viel wie Stirn des Himmels oder Himmelskönig bedeutet.

Nachdem Nare am Eingang des Mount Everest Nationalparks die bürokratischen Dinge erledigt und die Permits bezahlt hat, geht es mit einem grandiosen Blick etliche Steinstufen ins Tal.

In der Nähe von Phakding verkauft ein Nepalese Obst.
Großer Omanistein:

Überdimensionale Omanisteine begrüßen uns an dem heiligen Ort mit gewaltiger Berglandschaft. Ich bin jetzt wirklich im Nationalpark des höchsten Berges der Welt, dessen Basislager mein so innig ersehntes Ziel ist, mein Shangrila, mein Heiliger Gral, meine Erleuchtung. Ich fühle mich in diesem Moment unbeschreiblich, ich denke an nichts, ich bin im Hier und Jetzt, ich bin nur der Moment und lasse mich treiben, ich bin der Berg, ein sehr gutes Gefühl.

Heute Nachmittag erreiche ich Namze Bazar, mein erstes wirkliches Ziel. Für mich ist es in diesem Augenblick noch nicht greifbar.

Nach dem Mittagessen geht es weiter. Ich befinde mich in einer herrlichen bergigen Waldlandschaft, die von einem Fluss durchzogen ist, und dadurch grandiose Blicke auf in der Ferne schwebenden Hängebrücken und weiß leuchtenden Schneeberge freigibt. Ich wandele gerade auf den Spuren von Edmund Hillary und Tenzing Norgay, die ebenfalls diesen Weg gegangen sind. Es ist, als würde ich ihre Schuhabdrücke erkennen. Direkt an dem Weg fließt der Dudh Kosi, auf dem Mike Jones seine unvergessene Kanufahrt unternahm.

Am Nachmittag erreichen wir Namze Bazar. Wahnsinn! Der Ort liegt in einem Kessel. Wir machen eine Biegung und dann genieße ich den legendären Blick, den ich jahrelang im Internet vor Augen hatte. Jetzt stehe ich hier leibhaftig davor und stelle fest, es ist noch atemberaubender, als ich jäh vermutet hätte. Die große Stupa begrüßt uns schon von Weitem. Ich bin wirklich hier, ich habe es tatsächlich geschafft. Lassen wir nun den Autor im Originalauszug seines Tagesbuches erzählen, lasst uns teilhaben an seinen Eindrücken, die am Abend dieses Tages niedergeschrieben wurden: *Nur bisschen bewölkt. Gott sei Dank, ich bin da. Erstes Etappenziel erreicht. Wahnsinn. 3500 m hoch! ...diese Reise ist schon ein Volltreffer ...mit dem Inhaber des Hotels über Tibet ausgetauscht ... alles sehr spirituell und aufregend ... diese Reise wird unvergessen sein, mein ganzes Leben lang.*
Ich kann viel Erfahrung aus unseren wunderbaren Urlauben hier einfließen lassen. Es ist halt der Everest. Ich komme mit vielen Dingen in Berührung, über die ich schon gelesen habe. Habe vor paar Tagen wirklich zum ersten Mal einen

Menschen getroffen, der den Everest bestiegen hat.

Das Tor zum Hochhimalaya: Namze Bazar

Nun befinde ich mich wahrhaftig am Tor zum Hochhimalaya, in dem tausende Geschichten immer wieder weitergetragen werden und der die Faszination der Natur mit ihren Landschaften, Ortsgeistern, Tieren und Menschen in Deine Seele brennt. An diesem Platz beginnt die Reinigung Deines Geistes und Deiner Psyche, weil Du die wahre Spiritualität in Dir spürst. Und Spiritualität wird zu Reinheit, und Reinheit wird zu Glück und Erfüllung. Namze Bazar ist ein guter Ort, Dein Leben selbst in die Hand zu nehmen und neu zu ordnen.

Er liegt in einem kesselförmigen Einschnitt oberhalb des Bothe Kosi auf 3500 m. Vom Talgrund aus erreicht man Namze nach der Überquerung des Dudh Kosi und einem zweistündigen Aufstieg.

Jeder Trekker, der in der Khumbu-Region unterwegs ist, macht hier halt. Es gibt zahlreiche Hotels, Gästehäuser und viele kleine Geschäfte, in denen man alles kaufen kann, was das Trekkerherz begehrt. Dinge aus dem Kunsthandwerk, Souvenirs, Accessoires, Gebetsfahnen, T-Shirts, Hosen, Jacken, Wanderkleidung, Lebensmittel, Getränke und

Süßigkeiten sind hier zu erwerben. Die Preise sind natürlich höher als in Kathmandu, und je weiter man hinaufsteigt, umso höher werden sie, da alle Waren nur durch Träger und Lasttiere befördert werden können. Am Samstag gib es einen Wochenmarkt, zu dem früher auch tibetische Händler anreisten, um ihre Waren an den Mann zu bringen. Vor einigen Jahren haben die Chinesen dem ein Ende gesetzt, da der Grenzübergang gesperrt wurde.

An meinem freien Tag erkunde ich den Ort, der für mich ein persönliches Heiligtum darstellt. Das liegt an der Bedeutung, der ich Namze gegeben habe. Lange bevor ich mit den Reiseplanungen begonnen habe, galt diese Stadt für mich als nahezu unerreichbar. Grund dafür sind meine Demut und unbeschreiblicher Respekt vor dieser gesamten Reise. Am Vormittag gehe ich mit Nare durch die kleinen engen Gassen und kaufe einige Dinge. Es fängt an zu schneien, es ist windig, richtig ungemütlich, der Himmel völlig wolkenverhangen, aber dennoch mit einem Hauch Mystik verbunden. Gebetsfahnen hängen überall aufgrund der Nässe müde im Wind. Wir flüchten in ein *local Tea House* und sitzen nun in einem großen Raum auf einer alten Couch. In der einen Ecke befindet sich ein gusseiserner großer Herd aus Urzeiten. Auf der Herdplatte kocht Wasser in einem Blechkessel. Es zischt und dampft. Der Herd dient als Feuer – und Kochstelle. Mithilfe von Yakdung wurde bereits Feuer gemacht. Ein dickes Ofenrohr hängt an der Decke, welches dem ganzen Raum wohlige Wärme spendet. Der gesamte Boden ist mit einem dicken Knüpfteppich ausgelegt. Er zeigt buddhistische Symbole und Gottheiten in vielen bunten Farben. Leider kommen die Farben optisch nicht zur Geltung, da der Teppich sehr alt ist, aber die innere Strahlkraft wirkt umso mehr. Zwei Holzregale stehen an der Wand, in dem die nötigen Dinge zum Leben verstaut sind. In einem alten Schrank mit Glastüren befinden sich einige Lebensmittel, die zum Verkauf angeboten werden. Dem großen Raum ist ein kleines Zimmer angeschlossen, in dem ein Bett steht. Es scheint der Schlafraum zu sein, in dem die Frau, die uns bedient, ihre Nachtruhe findet. Sie ist glücklich und ausgeglichen und strahlt eine innere Ruhe und Leichtigkeit aus. Die Nepalesin ist mit sich im Reinen und befindet sich in ihrer

Mitte. Der Dalai Lama grüßt mit einem Foto von der Wand. Alles passt hier in diesem kleinen demütigen Reich. Nare und ich genießen heißen Minztee. In diesem Moment bin ich sehr glücklich und dem lieben Gott sehr dankbar, dass er uns dieses Wetter geschenkt hat. Schnee und Wind haben uns den richtigen Weg gezeigt. Es ist gut in einem lokalen Teehaus zu sitzen, da hier der westeuropäische Besucher die tiefste Verbindung zum nepalesischen Gebirgsleben eingeht.

Am Nachmittag hellt sich das Wetter plötzlich auf, die Sonne hat Kraft bekommen, die dunklen Wolken bei Seite zu schieben. Diesen erfreulichen Wetterumschwung nutze ich zu einem 90-minütigen Spaziergang zu einem Aussichtspunkt am Ortsrand. Nachdem ich hundert Höhenmeter geschafft habe, wird mir ein wunderbarer Blick auf die Berge geschenkt, ganz weit hinten ist der Everest zu erahnen. Beim Abstieg schaue ich auf die weiß bepuderten Dächer von Namze Bazar, dem Tor zu einer anderen Welt, zu einer anderen Gedankenauffassung. Ja, nun geht sie endlich los, die entscheidende Woche zum Gipfelsturm, und ich bin dabei! Alle Erwartungen und Empfindungen sind nicht nur eingetroffen, sondern haben eine Steigerung erfahren. Mir geht es trotz der großen Anstrengung sehr gut, ich fühle mich gestärkt und bereit für die nächsten Aufgaben, die einen erwarten. Ich werde sie weiterhin mit Bescheidenheit und Ehrerbietung angehen, und immer auf den nächsten Schritt achten. Dann kommt alles von selbst und es entwickelt sich ein angenehmer Automatismus.

Ich gehe durch die engen Gassen des Ortes, komme immer wieder über stufenartige Steinpfade, wie sie die Natur uns Menschen vorgibt. Achtsam mache ich einigen Ochsen Platz, die innerhalb des Ortes wichtige Dinge für das Leben der Menschen transportieren. Ich würde hier gerne länger bleiben, um diese faszinierende Atmosphäre in mich aufsaugen zu können und bis zur Vollständigkeit zu verinnerlichen. Mir kommt alles so vertraut vor, als wenn ich in früheren Zeiten schon mal hier gewesen war. Mir wird langsam bewusst, dass meine Bestimmung eine andere ist, wie mir durch mein jetziges Leben vorgegeben wird. Ist diese Reise eine Rückkehr zum Anfang? War ich oben? Habe ich das ewige

Eis bereits gesehen? Ist die Kälte bereits in mir, weil ich sie schon erfahren habe? Ist diese Reise ein Auftauen, um wieder zu frieren? Viele Gedanken brodeln in mir. Noch kenne ich die Antwort nicht. Sie ist genauso ungewiss wie der Ausgang meines Vorhabens.

Ich gehe heute Abend früh ins Bett und sage *Gute Nacht Namze Bazar.*

Der tapfere Wanderer in Namze Bazar

Als wir Namze am nächsten Morgen bei klarem Wetter verlassen, fühle ich mich dank des freien Tages sehr ausgeruht und freue mich wieder, unterwegs sein zu dürfen. Es geht die gleiche Anhöhe hinauf, die ich gestern Nachmittag gegangen bin. Ich blicke einige Male auf den Kessel zurück, der mir so viel gegeben hat. Nachdem der Aufstieg geschafft ist, schwenken wir gen Nordosten in Richtung Tengboche. Schon auf den ersten Metern spüre ich, dass die Tour in die entscheidende Phase geht. Wir gehen auf breiten Sandwegen, an den Hängen stehen hochgewachsene Kiefern, die hier auf 3600 m Höhe ihren Lebensraum haben. Rechts vom Weg geht es steil hinunter, Vorsicht und Achtsamkeit sind hier geboten. Ich habe auf dieser Reise bereits ein Wandermantra entwickelt, welches ich am Beginn jeder Tageswanderung vor mir her murmele, um es auf meine Seele zu übertragen, wie ein Buddhist seine Kora geht. Es lautet folgendermaßen:

Ich gehe mit Demut und Achtsamkeit, frei von Hektik, frei von Stress, mit viel Geduld und frei von Leichtsinn. Mit viel Respekt vor den Tieren und den Menschen, die hier leben. Mit viel Respekt vor der hiesigen Natur, vor den Wald- und Tiergeistern, vor den Steingeistern, vor den See-, Fluss- und Bachgeistern, vor den Berggeistern und vor allen Ortsgeistern. Ich trinke und esse zwischendurch, atme richtig und mache rechtzeitig Rast. Schaue links und rechts, nach oben und nach unten, achte darauf, wohin ich meine Füße setze. Ich gehe mit viel Dankbarkeit des Weges und vertraue mir.

Durch dieses Gebet baue ich mir ein Schutzschild auf, welches mich die gesamte Wanderung über begleitet.

Wir begegnen einigen Lastenträgern, die von Namze aus in die nächstgelegenen Dörfer gehen, um die dort lebenden Menschen zu versorgen. Auch sind viele Ochsen auf der Strecke unterwegs. Sie haben auf dieser Höhe die in den niedrigeren Gefilden lebenden Esel abgelöst, da sie sich den klimatischen Verhältnissen besser anpassen können. Da die Ochsen sehr schwerfällig sind und einen unkoordinierten Gang vorweisen, sollte man zur Seite treten und sie passieren lassen. Eine Mücke auf ihrer Nase kann zu einer ruckartigen Bewegung führen, die für den tapferen Trekker schmerzhaft enden könnte. Ansonsten sind es friedliche Berggenossen, die nur ihre vom Menschen aufoktroyierte Arbeit gewissenhaft verrichten.

Auf dem Weg von Namze nach Tengboche

Nach zwei Stunden erreichen wir an einer Kurve eine große Stupa, an der wir kurze Rast machen und einen grandiosen Blick auf die Natur haben. Ganz hinten leuchtet im schneeweißen Glanz die Ama Dablan, eines der schönsten Berge der Welt. Sie ist weiblich, bedeutet im Sanskrit *Mutter und ihre Halskette*, und gilt als das Matterhorn von Nepal. Der Hauptgipfel ist 6814 m hoch, der kleinere Nebengipfel misst 5563 m. Die Besteigung gilt als technisch sehr schwierig. Durch seine markante und anmutige Erscheinung aus südwestlicher Richtung, gilt er als heiliger Berg, der im Vergleich zu seinem schweizer Ebenbild nicht oft bestiegen wurde.

Gott hat gewollt, dass mich dieser Berg in den nächsten Tagen begleiten wird. Ich fühle bereits in diesem Augenblick, dass sie immer ein Auge auf mich wirft. Ihre Anmut zieht jeden Wanderer in seinen Bann und lässt ihn über die unwegsamen Steinpfade in prachtvoller Leichtigkeit schweben.

An einer Weggabelung sehe ich ein Hinweisschild aus Holz, welches an einen Baumstamm genagelt wurde. WAY TO GOKYO steht in großen, dicken Buchstaben darauf. In diesem Moment beachte ich es weiter nicht, nichtsahnend, dass es mich mal beschäftigen und in meinen Bann ziehen wird.

In Phungitanga machen wir Rast. Es ist doch mittlerweile sehr anstrengend geworden. Und immer wieder erfüllt mich Dankbarkeit und Sicherheit, wenn ich an meine freien Tage denke, die hier oben immer wertvoller zu werden scheinen. Ganz frei nach dem Motto *hinten raus ist entscheidend.* Wir kommen nach vielen Stunden in Tengboche an. Hinter uns liegt eine abwechslungsreiche Tour. Unwegsame steile Steinpfade, Hängebrücken über rauschendes Wasser, viele grüne Hügel, Kiefernwälder, Lichtungen, die einem faszinierende Blicke schenken, über eine geraume Zeit ebene Sandwege, die einem Zeit zum Verschnaufen erlauben, breite stufenartige Wege abwärts und aufwärts, immer wieder Blicke auf schneeweiße Gipfelpracht. Mir wird das ganze Potpourri des Himalayawanderns auf einem silbernen Tablett serviert. Oft treffen wir auf Ochsen und Einheimische, die zwischen den Dörfern hin und her pendeln. Die Flut der Trekker habe ich imposanter erwartet. Da ich mich in der

Vorsaison befinde, hält sich alles in Grenzen, was das Touristenaufkommen betrifft. Natürlich gibt es Momente, wo ich gerne ganz alleine wäre.

Da es am frühen Abend sehr nebelig geworden ist, bleibt mir der Blick auf das berühmte Kloster von Tengboche verwehrt. Dieses buddhistische Kloster ist das wichtigste kulturelle und religiöse Zentrum des Khumbu. Es wurde 1923 erbaut und durch einen Brand 1989 stark zerstört. Anschließend wurde es wieder aufgebaut. Es besitzt den größten Tempel der Region.

Wir gehen an diesem heiligen Ort schweigsam vorbei, um nach einer guten halben Stunde im etwas tiefer gelegenen Deboche unsere heutige Wanderung zu beenden und im dortigen Gasthaus einzuchecken. Ich bin sehr geschafft und wirklich glücklich, nun rasten zu können. Während ich mein Zimmer zugewiesen bekomme und mir es dort gemütlich mache, bevor es zum Abendessen geht, erscheint mir ein großes Schild vor Augen, welches ich vorhin am Dorfeingang von Tengboche gesehen habe. Da stand Folgendes drauf:

Namze 9 km 4 Std., Pangboche 4 km 3 Std., Everest Base Camp 24 km 18 Std.

Na ja, klingt ja alles nicht so schlimm, denke ich. Die Entfernungen und Zeiten halten sich in Grenzen. Die kolossale Höhe, auf der ich mich gerade befinde, habe ich in dieser Sekunde aus meinem Gedächtnis verdrängt.

Ich habe für den Weg von Namze 9 Std. inkl. 2 Std. Pause gebraucht. Das sagt alles und bedarf keines weiteren Kommentars. Jeder einzelne Meter, den ich im Angesicht meines Schweißes gehe, zählt zehnfach, und von der Kraft, die man dafür aufwendet, will ich gar nicht sprechen. Für wen mögen die Zeitangaben nur gelten? Für mich jedenfalls nicht. Vielleicht hat Reinhold die Zahlen auf das Schild schreiben lassen.

Während der Verfasser dieser Zeilen nun zum Abendessen geht, tauchen wir anhand seiner Aufzeichnungen in seinen Gemütszustand ein:

Es geht nach Tengboche auf 3800 m. Damit geht die Tour in die entscheidende Phase. Ich freue mich richtig auf die nächsten Tage ... ich denke jetzt Tag für Tag. Obwohl ich natürlich im Hinterkopf habe, am nächsten Montag den Khumbugletscher zu sehen, der ja am Basislager ist ... sehr kalt hier, im gemütlichen Essraum steht ein Ofen, wie in einer mongolischen Jurte, um den alle herumsitzen. Jetzt wird's kalt, sind ja auch fast 4000 m. Dank Knoblauch und vernünftiges Wandern läuft alles gut. Heute Vormittag war super Sicht. Am Anfang liefen 50 Leute um mich herum, schlimm. Danach verteilt sich alles, da mich alle überholen. Der erste Anstieg heute war heftig, dann 2–3 Stunden auf einer Höhe, das war sehr angenehm. Die letzten 3 Stunden waren sehr anstrengend, alles sehr steinig, gefühlte 30 % Steigung. Insgesamt 9 Stunden, davon 2 Std. Pause. Morgen zum Glück Ruhetag ...ich bin jetzt richtig im Hochhimalaya, ein geiles Gefühl.

Nare und ich bleiben einen Tag in Deboche. Heute Vormittag besuchen wir im etwas höher gelegenen Tengboche das gleichnamige Kloster. Wir gehen durch einen kleinen Wald über einen steilen schnee- und teilweise eisbedeckten Pfad. Hier lerne ich nun zum ersten Mal, auf Eis zu gehen. Ich fühle mich wie ein Pionier in einer anderen Zeit. Es fühlt sich sehr gut an. Nare ist ein freundlicher Lehrer, der viel Geduld mit mir hat. Nach einer Dreiviertelstunde erreichen wir das Kloster. Da der gestrige Nebel verflogen ist, genießen wir eine tolle Aussicht. Vor dem Treppenaufgang der heiligen Stätte schaue ich nach Nordost und erblicke sie alle von rechts nach links: Ama Dablan, Lohtseschulter, Lohtse, ganz hinten erahnend den Everest und Nuptse. Meine weißen Schneegipfel, zum Greifen nah und doch so fern. Der völlig wolkenlose Himmel scheint die Berge direkt in meine Nähe zu schieben und meiner Seele mitzuteilen, dass ich bald davor verweilen werde. Ich übertreibe nicht, wenn ich sage, dieser Ausblick, den ich in diesem Moment genießen darf, muss einer der schönsten in diesem Land sein. Der Gang hinauf zum Tempel erfährt durch dieses Bild eine noch höhere Intensität, als sie bereits in mir ist. Nare und ich gehen langsam die Stufen hinauf und verschwinden im Inneren des Klosters. Ich spüre, mein Guide will alleine und ungestört sein, um sein Gebet zu sprechen und die für ihn wichtigen Rituale abzuhalten. Daher schaue ich mich um und setzte mich auf eine schlichte Holzbank, die sich im Innenhof des Klosters befindet. Im nächsten Moment schließe ich die Augen und beginne zu meditieren. Ich atme ruhig ein und aus und versuche, mich völlig darauf zu konzentrieren. Nach einigen Minuten lasse ich zusätzlich meine Gedanken fließen, ich denke an meine Reise und an mein bereits Erlebtes. Weitere Minuten vergehen, in denen ich auf mein Körperempfinden achte, wo bin ich kalt, wo bin ich warm, welche Bereiche spüre ich besonders, welche weniger. Nach weiteren Minuten konzentriere ich mich auf die Geräusche, die mich umgeben. Fußschritte im Sand, das Zwitschern der Vögel, wehende Gebetsfahnen, die an einem Holzmast schlagen, ein Mönch, der sein Mantra leise murmelt und drehende Gebetsmühlen, die immer langsamer werden. Die gesamte Zeit über halte ich meine Augen geschlossen, um die Sinne zu schärfen. Wohlduftender Weihrauch und Lavendel liegen in der Luft, ich spüre ein Lächeln um meine Lippen. Atmung, Gedanken, Körperempfinden und die Umgebung werden zu einer verschworenen Einheit, um Achtsamkeit und Konzentration zu erlangen. Ich bin wie in Trance und schweife einige Male in eine Gedankenleere ab, um dann wieder in die Welt der vier Bereiche zurückzukommen. Zum Schluss stelle ich mir ein Bild vor, ein schöner Ort, an dem ich mich sehr gerne befinde und an dem ich mich wohlfühle. Es kann eine tolle Landschaft sein, ein markanter Baum, eine alte Holzbank in einer verlassenen Gegend mit angenehmer Aussicht. Oder ein Platz, an dem man noch nie war, aber zu dem man sich hingezogen fühlt. Ich öffne langsam meine Augen und beginne allmählich meine Umgebung wahrzunehmen, in der ich mich gerade aufhalte. Ich spreche ein Dankbarkeitsgebet und stehe langsam auf, um diesen heiligen Ort hinter mir zu lassen. Draußen auf dem Vorplatz genieße ich die gänzliche Bläue des Himmels, die mir in diesem Moment so makellos erscheint. An diesem

Vormittag sind nicht viele Menschen unterwegs. Ich genieße die Stille und sauge alle Gedanken und Eindrücke in mir auf. Ich schaue auf die große Stupa, die am Eingang des Ortes steht und den Weg nach Namze weist. Im Sonnenlicht erscheint sie mir noch weißer als der Schnee, der die umliegenden Gipfel bedeckt, sie ist so rein und unbefleckt. Sie spiegelt alles wider, was in mir ist. Vor der Stupa befinden sich zwei circa 1,5 m hohe Steinhaufen, die in der Mitte mit einem Holzstock verziert sind. Sie bestehen aus Platten und Steinen, in denen buddhistische Symbole, Mantras und Gebete eingraviert sind. Es handelt sich hier um Obos, deren Ursprung im mongolischen Schamanismus und der Bön-Religion liegt. Diese kultischen Steinhaufen sind als Reisegottheiten auch oft auf Gebirgspässen zu finden, deren Tradition im buddhistischen Volksglauben fortgeführt wird. Nach dem Glauben bringt es für den Reiseweg Glück, es dreimal zu umrunden und dabei an seine Wünsche zu denken. Ich gehe dreimal um den Steinhaufen und bete leise und bin mir dabei ziemlich sicher, dass meine Wünsche durch den Wind weitergetragen werden. Ich bin glücklich, hier an diesem Ort zu sein. Dieser freie Tag gibt mir sowohl die Möglichkeit, Kraft zu tanken, als auch die Spiritualität zu vereinnahmen, die über diesen Ort liegt. Ich werde diese Momente nicht vergessen und immer in meinem Herzen tragen. Der Abend hat die Leute nach Debuche gebracht. Dieses Gefühl kommt in mir hoch, als ich den Essraum betrete. Überall Menschen und Gewusel. Der Platz um den sich in der Mitte befindenden Ofen ist sehr begehrt und bereits ausgebucht. Es ist kalt geworden, im Solukhumbu. Die Temperatur hier im Everest-Gebiet hat sich entschieden, gen Gefrierpunkt zu gehen. Selbst hart gesottene Trekker freuen sich über ein bisschen Wärme. Ich finde noch bei fünf Engländern einen Platz und geselle mich mit Nare zu ihnen. Einer von ihnen schwört auf dunkle Schokolade mit 85 % Kakaoanteilen. Er sagt, sie gibt ihm die Kraft, die Tour durchzuhalten. Ich bestätige ihm, dass wohl jeder Wanderer seine Hilfsmittel hat, auf die er schwört und auf die er vertraut. Für mich sind Ingwer und Knoblauch unverzichtbar, da sie die Durchblutung fördern und mir viel Energie geben. Ich esse eine Knoblauchsuppe und ein gemüsehaltiges

Reisgericht. Dann verabschiede ich mich von der England-Truppe, um meine wohlverdiente Nachtruhe anzutreten. Morgen um halb acht in der Frühe soll es weitergehen, um der eisigen Schneelandschaft immer näherzukommen. Mit Gedanken an die Mönche von Tengboche schlafe ich ein ...

... ich berühre vorsichtig die Gebetsmühle und gebe ihr einen leichten Stoß, sodass sie sich zu drehen beginnt, ich gehe langsam weiter und berühre alle Gebetsmühlen auf die gleiche Art. Sie sind in kleinen Abständen in Schulterhöhe rechts von mir im kalkweißen Mauerwerk des Tempels eingelassen und haben alle ihre eigene Geschichte in Form von tausenden Gebeten und Mantren, die sich in ihrem geheimnisumwobenen Hohlraum befinden. Ich sehe sie nicht, ich lese sie nicht, aber ich spüre sie in meinem Innersten. Die Energie der Gebete und ihre tiefste Bedeutung geben mir die Kraft für das Leben, welches ich führe. Ich bete, meditiere und studiere. Ich esse, was mir gegeben wird. Meine Seele ist rein und ich fühle mich in meiner Mitte. Habe ich hier meinen Frieden gefunden, habe ich mein altes Leben wirklich zurückgelassen? Oder zieht es

mich wieder in meinen Bann, da mein tiefstes Ich stärker als mein Verstand sein könnte. Die westliche Gesellschaft ruft. Obwohl meine Gehörgänge ein Einbahnstraßenschild für diese Art von Signalen vorgeschaltet haben, weiß meine Seele nicht, welche Richtung sie einschlagen soll. Ich ziehe die Kapuze meiner Mönchskutte über meinen Kopf, weil es kalt geworden ist, und begebe mich in die Innenräume des Klosters, um das Morgengebet zu sprechen ...

.

Morgens halb sieben in Debuche. Ich sitze im Essensraum in der Nähe des Ofens und esse mein Porridge. Nare unterhält sich mit seinen Berufsgenossen an einem anderen Tisch, um sich mit ihnen auszutauschen. Der Raum ist bereits gut gefüllt, alle Trekker wollen heute weiterziehen, um näher zu dem Ort zu kommen, den sie so sehr begehren. Die Sehnsucht ist auf eine unbeschreibliche Art jetzt und hier zu spüren, dass mir vor freudiger Ergreifung die Tränen kommen. Ich kann sie nicht zurückhalten, will ich auch nicht, es tut richtig gut. Keiner bemerkt es, weil alle einen gefühlten Tunnelblick in sich haben und mit sich und ihren Gedanken beschäftigt sind, während sie ihr Frühstück zu sich nehmen. Die Atmosphäre in diesem Moment ist überwältigend und merkwürdig zugleich. Sind meine Tränen der Ausdruck für die Ereignisse und Erlebnisse der kommenden Tage? Werde ich hilflos sein, Angst spüren oder Schmerzen haben? Werde ich an anderen Schicksalen teilhaben und mein Mitgefühl zeigen? Werden Menschen sterben oder zurückgebracht? Ist in mir eine Vorahnung aufgestiegen?

Ich fühle nur Freude, dass ich hier sein darf, beim Gipfelsturm dabei bin und alles hautnah erlebe. Ich schmecke Salz auf meinen Lippen, schaue in die Runde und finde keine Worte für das, was ich sehe. Die meisten Trekker am Tisch tragen Wollmütze, Handschuhe und warme Jacken. Es ist wirklich kalt geworden, der Ofen spendet zu der frühen Zeit noch nicht die nötige Wärme. Holzknappheit in Nepal und ein anderes Kälteempfinden der Menschen, die hier leben, spielen dabei eine große Rolle. Alle trinken heißen Tee, um sich zu erwärmen. Es ist eine Versammlung vermummter Menschen, die mich fasziniert. Selbst ihren Atem kann ich hier im Inneren des Gebäudes gut erkennen. Ich bin von einer mystischen Abenteueratmosphäre umgeben, deren sichtbare Kälte Symbol-charakter aufweist. Sie steht sinnbildlich für das raue Leben im Hochhimalaya, dem Tier und Mensch gnadenlos ausgeliefert sind. Ich fühle mich als Mitglied einer verschworenen Gemeinschaft, die hier zusammensitzt und wichtige Dinge ausheckt, die wir dann später umsetzen werden.

Während ich mein Frühstück beende, denke ich an die wunderbare Ama Dablan, die uns heute begleitet, der wir an diesem Tag ein gutes Stück näherkommen und deren prachtvolle Energie wir jetzt schon spüren. Als wir mit unseren gepackten Sachen nach draußen treten, empfängt uns ein Sonnenstrahl, der uns fühlen lässt, bald Wärme in unserem Körper zu haben. Im Inneren des Gebäudes herrschen wirklich geringere Temperaturen. Auf dem Vorhof der Unterkunft wird es immer voller. Alle bereiten sich auf den Abmarsch vor. Letzte Dinge werden besprochen. Während Nare seine Rechnung bezahlt, warte ich voller Erwartung darauf, dass es endlich losgeht. Mir sind es einfach zu viele Leute um mich herum und ich bete, dass die ersten abmarschieren. Immer wieder beglückwünsche ich mich zu meiner guten Entscheidung, diese Tour alleine zu machen, unter Führung eines Guides, der mich durch die unwegsame Landschaft bringt. Mit Nare habe ich tatsächlich einen Volltreffer gelandet, worüber ich sehr dankbar bin.

Sonam, ich danke Dir für alles.

Ich habe das Gefühl, von Nare keine unnötigen Vorwürfe zu bekommen, wenn ich ihm vorschlagen würde, einen nicht geplanten Ruhetag einlegen zu wollen. Diese Gedankengänge sind eine gute Basis für eine positive zwischenmenschliche Verbindung und das Gelingen der Tour.

Nun geht es endlich los. Über einen schmalen eisbedeckten Pfad wandern wir zum Hauptweg, der uns in nordöstlicher Richtung nach Pang-boche auf 4000 m bringen wird. Es herrscht herrliches Wetter, die Kälte aus dem Frühstücksraum ist verflogen, gefühlte 5 Grad umgeben mich. Die verhältnismäßige milde Witterung hat meine heute Morgen noch so dringend benötigten Handschuhe von meinen zarten Stadthänden weggezaubert. Ich schaue in die Ferne und sehe immer mehr Schneeberge, mit jedem Schritt Richtung Nordosten werden sie mehr. Ich merke, ich bin hier wahrhaftig in dem Gebiet, welches ich als Kind in meinem Schulatlas nur als zwei Daumen dicken Fleck wahrnehmen konnte. Wir überqueren eine Hängebrücke, gehen auf schmalen Sandpfaden immer höher. Rechts geht es schräg hoch, links geht es steil hinab, die Landschaft wird rauer, die Bäume verlassen uns langsam und geben kurzgewachsenen Gestrüpp den Vorrang. Die Ama Dablan steht am Himmel und wacht über uns den ganzen Tag. Auch ohne Kamerazoom erscheint sie mir nun näher als vor zwei Tagen. Ich spüre ihre Spiritualität und gehe achtsam weiter. Uns kommt eine Herde Yaks entgegen, die wichtige Lasten tragen. Wir gehen zwei Meter schräg hoch, damit die Tiere auf dem schmalen Weg vorankommen und uns nicht den Abhang hinunter schubsen. Wo sind die Esel und Ochsen geblieben? Im nächsten Moment erinnere ich mich, auf welcher Höhe wir sind. Heute Abend im Guesthouse werde ich sie wieder fühlen. Die Yaks gehören zu einer in Hochasien verbreiteten Rinderart, die sich den extrem klimatischen Bedingungen im Hochland angepasst haben. Sie stellen die Lebensgrundlage eines großen Teils der dort lebenden Menschen dar. Sie trinken ihre Milch, essen ihr Fleisch und verarbeiten ihre Haut zu Leder, ihr Haar zu Wolle. Ihren getrockneten Kot verwenden sie zum Heizen. Der Yak dient den Menschen als Last- und Reittier und ist unverzichtbar für die Landwirtschaft. Sein Name kommt aus dem Tibetischen. Da er oft grunzende Laute von sich gibt, wird er auch Grunzochse genannt. Sein Lebensraum ist die unwirtliche Kälte zwischen 4000 und 5400 m. Da Yaks die gleiche schwerfällige Gangart vorweisen wie Ochsen, sollte man höflich zur Seite gehen und Abstand halten. Sie wollen ja nur ihre Last zu den Menschen im nächsten Dorf bringen, damit diese weiterexistieren können.

Ich kann es nicht glauben, dass ich hier bin und das alles erleben darf ... heute stehe ich vor einer Stupa, dahinter die Ama Dablan, das Bild habe ich oft im Internet gesehen, und jetzt stehe ich davor, unglaublich und Wahnsinn zugleich ... ich fühle mich wie elektrisiert ... ich bin froh hier zu sein, freue mich aber auch wieder auf zu Hause ...

Ich gehe nun einen Augenblick alleine, da Nare ein Stück vorgelaufen ist. Keiner ist um mich herum, ich spüre die Entspannung in mir, laufe auf einer Ebene, flankiert von hohen Gebirgsketten, kühler Wind streicht mein Gesicht, ich fühle eine herbstlich klare Luft, die alle Anstrengungen vergessen macht. Es sind nur zwanzig Sekunden, glaube ich, ich fühle eine komplette Zufriedenheit, so eine Klarheit in meinem Kopf, in diesem Moment bin ich absolut mit mir im Reinen. Ich denke nur an diesen wunderbaren Moment, hier zu sein und bin vollkommen leicht, sehr glücklich und erfüllt, denke an nichts, an rein gar nichts, nur hier und jetzt. Mir kommen die Tränen vor Glück und Erfüllung. Ich wünsche mir, diesen Augenblick auf immer und ewig in mir tragen zu können. Diese Intensität ist Balsam für meine geschundene Seele. Ich sehe nichts um mich herum, und doch sehe ich viel. Die Bergluft reinigt meinen Geist. Es ist unglaublich und für mich nicht möglich, diesen Gefühlszustand in weitere Worte zu kleiden. So müssen sich Menschen fühlen, die an der Pforte zu einer höheren Seelenebene stehen und gerade erfahren, dass ihnen in der nächsten Sekunde der Einlass gewährt wird.

Gegen Mittag treffen wir in Pangboche auf circa 4000 m ein, wo wir in einem kleinen Restaurant eine Stärkung bekommen. Wir befinden uns in dem ältesten Sherpadorf der Region. Es wurde vor über 300 Jahren gegründet. Als wir das Dorf in nordöstlicher Richtung verlassen, spüre ich jeden Schritt die Veränderung. Es wird kälter und rauer. Bäume haben hier nicht mehr ihren Lebensraum. In der kahlen Berglandschaft wächst nur noch Kurzgestrüpp, Sand und Stein bestimmen das Landschaftsbild, im Hintergrund sehe ich die weiß leuchtenden Gebirgsketten des Hochhimalayas. Am Nachmittag erreichen wir nach einer anstrengenden tollen Wanderung unser heutiges Ziel Dingboche auf 4400 m. Das Dorf liegt direkt am Imja Khola, einem Zufluss des Dudh Kosi. Selbst auf dieser Höhe haben dadurch die Menschen hier die Möglichkeit, Kartoffelanbau zu betreiben. Der Ort dient auch als Zwischenstopp für Bergsteiger, die hinauf zum Gipfel des Island Peak gehen. Dieser Berg ist 6189 m hoch und liegt nordöstlich der Ama Dablan, die wir heute von westlicher Seite passieren und aus einer anderen Blickrichtung kennenlernen dürfen. Die Besteigung des Island Peak ist für Bergsteiger einfach zu bewältigen und daher ein beliebter Trekkinggipfel mit einer atemberaubenden Aussicht auf die berühmten Achttausender. Der Berg dient auch als Training für die Besteigung höherer Gipfel.

Ich bin wirklich in Dingboche und begreife es kaum, als ich abends im großen Aufenthaltsraum mit Handschuhen und Wollmütze meine Knoblauchsuppe schlürfe. Dingboche, dann Lobuche, dann Gorek Shep. Ich bin tatsächlich in der Nähe der Kälte, wo ich immer sein wollte. Gorek Shep, ein Traum, für mich eine Vision, als ich ein Jahr vorher dieses Bild mit dem roten Haus im Internet betrachten konnte, dahinter der mächtige Nuptse, den viele wegen seiner markanten außergewöhnlichen Form für den Everest halten. Lobuche, auch ein Ort, so weit weg wie der Mond. Und jetzt befinde ich mich unmittelbar im Dunstkreis dieser Gegend, die für mich noch vor nicht so langer Zeit unerreichbar schien. Und zwischen Dingboche und Lobuche liegt das Memorial, welches mich übermorgen in den Bann ziehen und mit Geschichten und Personen aus Büchern konfrontieren wird, die ich selbst gelesen habe. Dadurch wird der Bezug zu dieser unvergessenen Landschaft hergestellt. Wieder kommt in mir das Gefühl auf, alles hier zu kennen und zu einem vertrauten Ort zurückzukommen, den man vor langer Zeit hinter sich gelassen hat. Um in ein neues Leben zu treten, um neue Gesichtspunkte kennenzulernen und um irgendwann festzustellen, dass der Zeitpunkt gekommen ist, heimzukehren.

Der Tag ist heute lang gewesen. Achteinhalb Stunden. Daher gehe ich sofort nach dem Abendessen auf mein kaltes Zimmer, um mich zur Nachtruhe zu begeben. Nare ist so nett und füllt meine Wärmflasche mit heißem Wasser auf, die ich mir dann ins Bett legen werde. Ich ziehe mich für die Nacht warm an, setzte mir eine Wollmütze auf und sehe meinen Atem zur Nachttischlampe wandern. Mein Thermoschlafsack und zwei dicke Decken spenden mir die nötige Wärme, um der tiefen Temperatur Stand zu halten. Hier in Dingboche wird in dieser Nacht die Außentemperatur bis auf minus zwölf Grad sinken. Mein Trinkwasser fängt in den Plastikflaschen an zu gefrieren. Für meine Verhältnisse ist es bitterkalt. Doch ich kann die Lage gut einschätzen und weiß, dass im Khumbu zurzeit verhältnismäßig milde Temperaturen herrschen. Es hätte mich auch wesentlich schlimmer treffen können. Meine -30 Grad-Jacke liegt jedenfalls noch gut verpackt in meinem Reiserucksack. Nun liege ich auf dem harten Holzbett, dick eingemummt und glücklich. Ich spüre wie mein kalter Atem durch mein Zimmer gleitet und allmählich wohlige Wärme in mein Bett kommt, die es mir ermöglicht, in ein Schlafgefühl zu gleiten. Die Decke ziehe ich leicht über die Nase, sodass meine kalte Nasenspitze sich langsam erwärmt, aber ich noch die Möglichkeit habe, gut zu atmen. Bevor ich einschlafe, überkommt mich ein Wahnsinnsgefühl. In mir pulsiert und brodelt es. Was ist mit mir los? Irgendwann übermannt mich meine Müdigkeit und ich falle in einen tiefen Schlaf ...

... der Wind ist in einen Sturm übergegangen, ich liege in meinem Zelt und habe Angst davor, weggefegt zu werden. Ich befinde mich auf einer Höhe von 7600 m, mir ist kalt. Wenn morgen das Wetter besser wird, geht es zum nächsten Lager auf 8000 m. So hoch bin ich noch nie gekommen. Letztes Jahr mussten wir früher umkehren. Lawinenabgänge und orkanartige Winde haben uns dazu gezwungen. Die Natur hat ihr Machtwort ausgesprochen, dem wir uns schweren Herzens beugen mussten. Aber heute bin ich guter Dinge. Unsere Expeditionsleitung arbeitet sehr professionell. Die Stimmung unter uns Bergsteigern ist gut, alle scheinen loyal zu sein. Nur der Sturm macht mir große Sorgen. Meine Zeltplane schlägt mehrere Male an meinen

Kopf. Ich fürchte, jede Sekunde wird mein Zelt mit mir weggepustet. Wo geht dann die Reise hin? Die Engel scheinen bereits an der Himmelspforte auf mich zu warten. Durch den ohrenbetäubenden Lärm höre ich meine Angstschreie nicht. Werde ich gleich abgeholt? Fühlt man sich so, als wenn man gerade erfahren hat, dass nun seine letzte Stunde geschlagen hat? Der Sturm kommt wirklich wie aus dem Nichts, ohne Vorwarnung. Es ist grausam, nichts tun zu können und nur die Hoffnung in sich zu haben, dass das Unwetter aufhört. Ich bin dennoch froh und stolz, hier sein zu können. Ich bin ein richtiger Bergsteiger, der nah am Gipfel ist, nah am Himmel, nur noch einige Meter fehlen zum Ziel. Dann öffnet sich der Vorhang in eine neue Welt, die so fern scheint und doch so nah ist. Vorher zieht im Zeitraffer mein ganzes Leben an mir vorbei, mit den Höhen und Tiefen, mit den schönen und den traurigen Ereignissen, mit den wohligen und den schmerzvollen Gefühlen. Das ganze Inhaltsverzeichnis meines Lebens wird mir vorgeführt. Mir kommen die Tränen und ich bete zum ganzen Universum. Dann spüre ich urplötzlich die Unwichtigkeit des Gipfelsturms.

Ich frage mich, ob es ein Zeichen von Aufgabe ist. Mitnichten! Die Möglichkeit zu haben, am Gipfelsturm teilnehmen zu können, und die Gewissheit zu besitzen, bereits jetzt auf 7600 m in einem kalten Zelt zu liegen, ist für mich ein Geschenk des Himmels. Ich wische mir die Tränen weg und schlafe tief und fest ein. Den Sturm höre ich nicht mehr. Am nächsten Morgen erfahre ich ein Wunder und wache in einer neuen Welt auf. Bin ich noch am Leben? Ich höre Stimmen, öffne den Reißverschluss meines Zeltes und luge aus dem Schlitz. Ich denke, ich träume. Blauer Himmel, die Sonne scheint. Es ist absolut windstill. Befinde ich mich bereits hinter der Himmelspforte? Werde ich gleich von Engeln begrüßt, die mich in Wolken einbetten werden?
Die Stimmen werden klarer und allmählich erkenne ich meine Gefährten. Langsam bekomme ich die Erkenntnis, dass es die Realität gut mit mir meint. Das Unwetter ist vorbei und die Vorkehrungen für den heutigen Marsch zum Hochlager auf 8000 m beginnen bereits ...

Über die Pfade der Leiden
wandeln wir auf die Höhen
der Glückseligkeit

Wir schreiben den 22. März. Ich wache heute Morgen aus einem wunderbaren Traum auf. Im ersten Moment kann ich das Realitätsniveau nicht einschätzen. Wo liege ich gerade? Im Bett eines Gästehauses oder in einem Zelt auf 7600 m? Ich träumte, ich liege in diesem besagten Zelt bei schlimmstem Unwetter, mit all meinen Ängsten und Hoffnungen. Ich nehme als Bergsteiger an einer Mount Everest-Expedition teil, die am nächsten Morgen zum Hochlager gehen wird.

Und so fühle ich mich wirklich in diesem Augenblick!

Ich liege auf dem Bett und blicke zur Holzdecke. Gerade verschwindet eine langbeinige Spinne in eine der Holzritzen. Sie sucht die Wärme und ich die Kälte der eisigen Natur, die einen zwingt, an persönliche Grenzen gehen zu müssen.

Genau aus diesem Grund bin ich hier, darum unternehme ich diese Reise. Zu erleben, das Gefühl Reinhold Messner zu sein, sich wie er zu fühlen, mit seinen Erfahrungen, Empfindungen und Eindrücken in der unwirtlichen Welt des Himalayas.

Die Ama Dablan

Nare und ich bleiben heute in Dingboche. Nach dem Frühstück unternehmen wir einen dreistündigen Spaziergang, der uns von 4400 m auf 4600 m bringt. Wir erreichen einen Hügel namens Nangma und passieren viele heilige Steinhaufen und Steinmännchen, die uns den nötigen Segen bringen. Ich genieße hervorragende Blicke auf Island Peak, Lhotse und viele andere Schneegipfel, die einem die Gewalt und mächtige Erhabenheit der Natur in einer imposanten Form vor Augen führen, wie ich sie noch nicht erlebt habe.

Diese Wanderung dient der Akklimatisierung, die hier oben immer wichtiger wird. Es ist beileibe kein einfacher Spaziergang, sondern sehr anstrengend. Es ist oberstes Gebot, viel Wasser zu sich zu nehmen.

Kaum vorstellbar für mich, dass ich in 2 Tagen am Gipfel stehen soll, der nach meinem Empfinden das Basislager des höchsten Berges der Welt ist. Ich schiebe schnell den Gedanken von mir und konzentriere mich nur auf den nächsten Meter.

Meter für Meter, Konzentration, richtig atmen,
ich befinde mich am Südsattel, hoffentlich hält
das Wetter, spätestens um 14 Uhr muss ich vom
Gipfel wieder absteigen, um rechtzeitig im
Hochlager anzukommen, bevor es dunkel wird.

Es ist gut für mich, dass ich noch nicht weiß, wie anstrengend die nächsten Tage sein werden. In diesem Augenblick fühle ich mich gut, und das ist entscheidend. Während wir wieder absteigen, baut sich die Ama Dablan direkt vor mir auf, zum Greifen nah. Es ist unbeschreiblich, diesen heiligen Berg mit seiner Energie zu spüren. Sie zieht mich förmlich in ihren Bann und macht mich zu dem, was ich wohl im Innersten immer sein wollte: Bergsteiger.

Wie ist das Gefühl, festzustellen, in seinem Leben eine andere Bestimmung zu bekommen, und sie nicht mehr ändern kann, weil es einfach zu spät für diese neue Bestimmung ist? Traurigkeit, Wut, Zweifel? Oder Dankbarkeit für die späte Erkenntnis? In der Zeit, in der ich in einer scheinbar falschen Bestimmung lebte, durfte ich viele schöne andere Dinge erfahren, die ich sonst nicht kennengelernt hätte. Und es ist nicht vorhersehbar, wie das andere Leben verlaufen würde. Also bin ich dankbar für alles Geschehene. Doch wie sagt man: *Es ist nie zu spät.* Mit diesen Gedanken erreiche ich wieder meine Unterkunft in Dingboche. Ich ruhe mich ein wenig aus und schlendere am Nachmittag für eine kurze Zeit durchs Dorf. Ich bereite mich seelisch auf die nächsten Tage vor, die mich da hinbringen sollen, wo ich immer sein wollte. Immer im Schutz der Ama Dablan, die für mich in den letzten Tagen ein Wahrzeichen geworden ist. Gerade bei der Ama Dablan ist es wundervoll zu betrachten, wie sich im Laufe der Route die Ansicht des Berges verändert, wie im richtigen Leben.

Kommt man aus südwestlicher und blickt in nordöstliche Richtung, so erfreut sich der Wanderer an dem einzigartigen Matterhorn-Panorama mit Haupt- und Nebengipfel. Morgen weist der Weg nach Norden. Ich bin gespannt, welche Ansicht mir der Berg präsentieren wird. Das werde ich erfahren, wenn Nare und ich uns am morgigen Tag früh aufmachen, um über Thukla nach Lobuche auf 4900 m zu gelangen. Wir werden durch die eisige Schneelandschaft

500 m höher gehen. Ich bin gespannt, wie ich diesen Tourenabschnitt bewältigen werde. Ich frage mich immer wieder, wie andere Trekker, die ich auf der Tour treffe, die Route von Lukla in 14 Tagen inbegriffen Rückflug nach Kathmandu meistern wollen. Wie ich später von Nare erfahren werde, haben es einige nicht geschafft, von denen ich es aufgrund ihrer Ausstrahlung und Präsentation erwartet hätte, dass sie ohne Probleme an ihr Ziel kommen. Ich meine natürlich damit auch den Rückweg mit Ankunft in Lukla. Sie wurden vorzeitig nach Kathmandu gebracht.

Die Rücktour gestaltet sich oft als schwierigere Aufgabe, da man bereits beim Aufstieg sehr viel Energie und Kraft verbraucht. Nicht ohne Grund sind viele Bergsteiger nach ihrem Gipfelsturm vom Everest im ewigen Eis verschwunden und nicht mehr aufgetaucht. Was passiert mit ihren Leichen, was geschieht mit ihrer Seele? Es sind Menschen, die mit der Geschichte des Berges eng miteinander verknüpft sind. In welcher Form wird diesen tapferen Menschen ein ehrendes Andenken bewahrt? Sie wollten nur auf den Berg, um mit ihm eins zu sein, um ihren Traum zu erfüllen und um ganz oben zu sein. Auf alles zu schauen, was unter einem liegt. Sie wissen, wenn sie hinaufsteigen, dass sie vielleicht nicht mehr im sicheren Basislager ankommen, weil der Berg sie aufnimmt und nicht mehr loslässt. Mit diesem Bewusstsein geht jeder Bergsteiger an den Berg heran.

Beim Abendessen sitze ich mit einer Engländerin zusammen, die, genauso wie ich, alleine mit einem Guide durch die Lande zieht. Sie scheint bei sehr guter Kondition zu sein, denn sie hat in meinen Augen Großes vor. Am übernächsten Tag will sie von Lobuche über Gorek Shep zum Basislager wandern, dann zurück nach Gorek Shep, zum Kala Patthar, einer der besten Aussichtspunkte in der Region, und wieder nach Lobuche. Die gesamte Route an einem Tag. Welche Bedeutung dieses Vorhaben hat, werde ich erst später begreifen. Ich kann es fühlen, lasse es aber nicht an mich heran und darf keine Angst habe. Der Glaube an mich, meine Stärken und meine Kondition wird mich tragen. Ich packe das wirklich und gehe meinen Stil. Keiner hält mich auf und redet mir rein. Ich tue genau das, was für mich richtig ist. Ich bin der Boss, geleitet und geführt von Nare, meinem treuen Gefährten, der genau einschätzen kann, was für mich passt. Mit Gedanken an die Menschen, die hiergeblieben sind, gehe ich in die Nacht …

Je näher ich meinem Ziel komme, desto fantastischer wird alles. Ich habe das Basislager verlassen und klettere gerade über die Türme im Khumbu-Eisfall. Da die haushohen Eisblöcke jede Sekunde zusammenfallen können, muss ich achtsam sein. Ich gehe langsam weiter, bin von knackenden Geräuschen umgeben. Das Eis will mit mir sprechen. Will es mich freudig begrüßen oder mahnend warnen? Ist es eine Aufmunterung zum Weitergehen oder eine Bitte zur Umkehr? Begrüßt die Natur mich als Gast, oder möchte sie mit sich alleine sein? Ich finde keine Antwort und schreite voran. Plötzlich zucke ich zusammen und verharre. Ein lauter Knall, wie eine Explosion. Hundert Meter vor mir ist ein Eisturm in sich zusammengefallen. Ich bleibe stehen und denke nach. Wann sehe ich das Tal? Ich muss bald da sein. Wie von Geisterhand gehe ich vorwärts. Ich gehe einige Minuten durch die Eislandschaft. Dann befinde ich mich urplötzlich vor einer tiefen Gletscherspalte, die ich beinahe übersehe. Sie ist so tief wie das gesamte Weltall unendlich ist. Nachdem ich das Hindernis bewältige, ist es vorbei. Der Eisfall liegt hinter mir.

Es ist windstill und die Achttausender um mich herum. Ich bin auf einer schneeweißen Ebene voller Reinheit und Frieden. Nichts zu spüren von der wuchtigen Gewalt der Bergmassive. Nun befinde ich mich im Tal des Schweigens, dem höchstgelegenen Kar der Erde ...

Wir verlasen Dingboche nach dem freien Tag in Richtung Thukla. Es geht Richtung Nangma und nach 1 Stunde schwenken wir nach Nordwest. Es geht immer höher, die Landschaft wird noch rauer und kälter. Mir kommen wieder die Tränen. Ich bin vor Glück ergriffen, das Bewusstsein, hier zu sein, übermannt mich. Um die frühe Nachmittagszeit machen wir Rast in Thukla auf 4600 m. Ich bin sehr kaputt und frage mich langsam, welches Ende das Universum auf der gesamten Tour für mich vorgesehen hat. Nach einer ausgiebigen Rast, die auch notwendig ist, geht es nun zum Thukla Pass auf über 4800 m. Ich drehe mich um und habe das gesamte Bergpanorama mit der Ama Dablan auf meinem Bildschirm. Es ist in diesem Moment zum wiederholten Male nicht zu artikulieren, welch faszinierendes Bild mir geschenkt wird. Jetzt möchte ich mich direkt an den Leser wenden und ihn um Verständnis bitten, warum ich mich zum wievielten Male über das Landschaftsbild in einer begeisterten Form äußere, die allmählich ermüdend sein kann. Bitte sehen Sie es als probates Stilmittel an, um Ihnen meine

Leidenschaft für den Himalaya näherzubringen und Sie vielleicht ein Stück auf diese Reise einzuladen und mitzunehmen. Versuchen Sie an meinen Empfindungen teilzuhaben und in diese wundervolle Welt einzutauchen. Besuchen Sie mich im Khumbu-Eisfall und springen Sie mit mir über tiefe Gletscherspalten.

Zeigte die Ama Dablan noch vor zwei Tagen ihr markantes Matterhorngesicht, so erblicke ich nun die Alpspitze aus dem Wettersteingebirge mit ihrer imposanten Nordwand und ihrem pyramidenförmigen Gipfel. Die restliche Gebirgskette mit ihren Schneemassiven schenkt mir den Eindruck, im gesamten Himalaya zu stehen. Endlich spüre ich den Himalaya in jeder Faser meines Körpers. Endlich habe ich das Himalayagefühl, welches mir auf einer früheren Reise verwehrt wurde.

Der Thukla Pass naht und mit ihm das verantwortungsvolle Gefühl, an die Menschen zu denken, die beim höchsten Berg der Welt geblieben sind, um ihre Seele mit ihm zu teilen, um bei ihm zu bleiben; die innerste Bestimmung vieler Bergsteiger. Während ich die Gebetsfahnen schon von weitem sehe, beschleicht mich ein beklemmendes Gefühl. Mein Hochgefühl weicht nun der Nachdenklichkeit und Traurigkeit. Gleich hinter dem Pass befindet sich eine Gedenkstätte für alle Menschen, die an dem Berg ihr Leben gelassen haben. Ich gehe die letzten Stufen hinauf, gemächlich und schwer atmend. Noch kann ich auf diesen heiligen Platz nicht blicken, der zwischen steinigen Erdhügeln auf einer Sandebene friedvoll eingebettet ist. Sekunden später stehe ich auf der Ebene, umgeben von unzähligen Steinmännchen, die ihre eigene Geschichte erzählen.

Am Memorial zwischen Thukla und Lobuche

Blick auf das Memorial

Es ist ein sehr seltener und besinnlicher Ort des
Gedenkens, ein Friedhof ohne Gräber. Hier wird
das Andenken jedes einzelnen bewahrt. Einige
Denkmäler sind stufenartig aus Stein gemauert,
mit einem kleinen Dach und einer Gedenktafel
versehen, Name, Geburts- und Sterbedatum, hier
und da noch eine persönliche Widmung. Ich frage
mich, ob auch ein Steinmännchen für mich
aufgebaut ist, für einen Körper mit meiner Seele
aus einem früheren Leben. Je länger ich
schweigend um die Ehrenmale pilgere, desto
intensiver bin ich mit diesen Menschen

verbunden. Vielleicht habe ich selbst an einem einzelnen Schicksal teilgenommen, und die Person, vor deren Steinmal ich nun stehe, nicht retten können, um einige Stunden später selber vom Berg geholt zu werden, um in den eisigen Höhen die Ruhe zu finden. Und dann habe ich sie entdeckt, die Ehrenmale von Scott Fischer und Rob Hall, die Leiter der Unglücksexpedition von 1996, deren Verlauf in dem Bestseller *In eisige Höhen* von Jon Krakauer so nachdrücklich beschrieben wird. Ich habe das Buch sehr interessiert gelesen und fühle mich soeben in die Geschichte hineinversetzt. Zwei kommerziell geführte Expeditionen geraten während der Gipfelbesteigung in eines der häufigen Unwetter, obwohl die Expeditionsmitglieder einen guten Besteigungstag vorfinden. Das Unwetter kommt wie aus dem Nichts und führt zum Tod mehrerer Bergsteiger. Es handelt sich um eine der schlimmsten Katastrophen am Mount Everest. Ich fühle den eisigen Wind, den Sauerstoffmangel und die Erschöpfung, der die tapferen Menschen ausgesetzt sind. Ich halte kurz inne, bete für sie und lege meine Miniaturfahnen ab.

Tief beeindruckt verlasse ich langsam das Everest Stone Memorial und gehe dem Khumbu-Gletscher entgegen, der etwas nördlicher sein Ende hat. Die Ama Dablan ist nun nicht mehr zu sehen.

Ich bin in Gedanken bei den Toten. Für mich ist es ein bewegender, trauriger Moment, der meine Kraftlosigkeit beiseiteschiebt. Wir müssen heute noch Lobuche erreichen, ein wahrer Kraftakt, die gesamte Tour heute, aber ich spüre meine Erschöpfung zurzeit nicht, weil sich der Schleier der Melancholie über meine Knochen gelegt hat.

Mir wird allmählich klar, dass ich am morgigen Tag auf die 5000 m-Marke zusteuere. Und dieser Gedanke ist faszinierend.

Ich sehe nur noch Geröll, Schnee und Bergmassive. Das Kurzgestrüpp ist nur noch spärlich verteilt und hat seinen Namen nicht mehr verdient. Mit jedem Meter, den ich höher gehe, verlieren Pflanzen ihren Lebensraum und geben der rauen Welt den Vortritt. Yaks dagegen fühlen sich hier richtig wohl. Nare gibt mir zu verstehen, dass wir in zwei Stunden am Ziel sind, wieder meinem Traum etwas näher. Die Unendlichkeit verliert allmählich ihre Bedeutung. Ich kann in zwei Tagen an der Stelle stehen, die für mich nie erreichbar war. Nicht meine kühnsten Vorstellungen hätten mir es erlaubt, diesen Gedanken ins gewöhnliche Realitätsfach zu legen. Unendlich viele Endorphine tragen mich mit einer nie dagewesenen Leichtigkeit über das harte Gestein. Vergessen sind Schmerz und Kraftlosigkeit. Sie kehren zurück, wenn man nicht an sie denkt. Warten wir es ab.

Wir wandern entlang eines ausgetrockneten Flussbettes, welches sich durch das Gebirge schlängelt. Je näher wir Lobuche kommen, je mehr füllt sich das Flussbett mit vereistem Schnee. Es handelt sich um die Ausläufer des Khumbu-Gletschers, ein Produkt der Natur. Auch so eine unglaubliche Geschichte, dass ich bald vor ihm stehen und an diesem Naturschauspiel entlanggehen werde. Ich habe sehr viel von ihm und seinem Mythos gehört und gelesen. Und jetzt bin ich tatsächlich hier und wandere bald auf seiner Moräne. Diese Gedankengänge voller Begeisterung verleihen mir Flügel. Ich muss aufpassen, dass ich nicht davonfliege.

Mit 8000 m ist dieser Gletscher der höchste seiner Art. Unübertroffen. Entstanden aus den Schneemassen der umliegenden Berge. Die Hänge des Everest, Lhotse und Nuptse haben den Schnee gespendet, aus dem die Eismasse hervorgegangen ist. Der Gletscher beginnt im Tal des Schweigens, welches sich auf einer Höhe zwischen 6000 und 6800 m befindet. Am Ende des Tals auf 6000 m beginnt der Khumbu-Eisfall, die gefährlichste Passage der Welt. Das Gletschereis fällt 600 m ab und zerbricht in große Blöcke. Die Bergsteiger spielen hier auf höchstem Niveau russisch Roulette. Was hier die Naturkräfte mit dem Eis veranstaltet haben, ist unvorstellbar und erhöht die Dramatik aufs Unermessliche. Aufgrund der Eisbewegung können die bis zu 35 m hohen Seracs jede Sekunde in sich krachend zusammenfallen. Daher ist es ratsam, sie nur bei kühlen Temperaturen zu durchklettern. Übersieht man eine von den vielen Gletscherspalten, so fällt man in den Schlund des Berges und wird nie wieder gesehen. Am Ende des Eisbruchs auf 5400 m ändert der Gletscher seine Richtung nach Südwesten. Hier befindet sich auch das Basislager, von dem alle Bergsteiger auf der Südroute zum höchsten Berg der Welt hinaufsteigen wollen. Der Gletscher sucht sich seinen Weg und kommt an den Orten Gorak Shep und Lobuche vorbei, um dann nördlich von Thukla zu enden.

Endlich kommen wir nach einem harten Tag in Lobuche an. Ich kann die Flasche Sekt aufmachen, denn der Bürgermeister von Lobuche meint es gut mit mir. Ich weiß ehrlich gesagt nicht, ob dieser Posten hier bekleidet ist, aber die dafür verantwortliche Person hat veranlasst, auf dem Ortsschild die Höhe von 5030 m zu vermerken, obwohl meine Karte von 4910 m ausgeht. Bingo, die 5 ist geschafft! Ich bin überglücklich und zugleich total kaputt.

Ich sehe hier nur noch Hügel von Schutt. Das scheinen die Ablagerungen des Gletschers zu sein, auch Moränen genannt. Sie bestehen aus Ton, Schluff, Sand, Kies und Steinen. Unser Hotel befindet sich an einer Seitenmoräne, die wir morgen auf dem Weg zum Gipfelsturm überqueren müssen. Morgen geht es tatsächlich zum letzten Ort der Reise. Für mich ist diese Vorstellung momentan nicht fassbar. Ich weiß nur, dass es kalt geworden ist. Die Leute tragen hier beim Essen Wollmütze und dicke Pullover. Das Wasser in den blauen Plastiktonnen auf der Toilette, welches zum Nachspülen verwendet wird, ist leicht gefroren. Morgen geht es noch höher. Soll ich meine -30 Grad Jacke heute schon auspacken? Wie kalt wird es am morgigen Tag werden? Habe ich an alles gedacht? Habe ich mich und meine Fähigkeiten dermaßen überschätzt? Soll ich mich zurückfliegen lassen? Ist alles umsonst gewesen? Zerplatzen meine Träume wie eine Seifenblase gerade an dem entscheidenden Tag, an dem mein Traum Realität werden kann? Ich wehre mich immens dagegen. Es sind nur Gedanken, die mich beschäftigen. In diesem Moment weiß ich, dass ich es gewiss schaffen kann, da ich mich gut fühle. Ich packe das! Nach dem Abendbrot gehe ich in mein kaltes Zimmer, packe mich dick ein, schaue auf mein gefrorenes Wasser, und schlafe mit kalter Nasenspitze ein.

... die Sonne brennt auf meinem Gesicht, ich bin zu warm angezogen, es herrscht eine trügerische Ruhe in diesem geheimnisvollen Tal. Everest, Lhotse und Nuptse sind um mich herum und geben mir Geleitschutz. Ich bin alleine und immer wieder treffe ich auf Gletscherspalten, die ich überwinden muss. Ich gehe entlang auf einem bewegten Gletscher, der oben beginnt, ganz oben bei den heiligen Bergen. Das Sonnenlicht reflektiert an den vielen Schnee- und Eisflächen. Ich schwitze unendlich, schreite voran, brauche Wasser, habe Durst und fühle mich dennoch sicher. Der Berg zieht mich förmlich an, das Tal ist durchschritten, fast fünf Kilometer ist es lang, nun wartet die vergletscherte Lhotse-Flanke auf mich, tausend Meter hoch, sechzig Grad steil, was mache ich hier nur? Ich arbeite mich durch das ewige Eis vor, unter mir ist alles klein geworden,

habe keine Kraft mehr. Wann erreiche ich den Südsattel zwischen Everest und Lhotse? Wenn ich dort ankomme, dann bin ich auf dem Grat zum Südgipfel, so nah am Ziel. Ich denke schon an den Rückweg, wird die Kraft reichen? Alles ist auf einmal verschwommen, bin nicht mehr da, bin schwerelos, keine Gedanken mehr ...

Ein „Gangster" vor dem Guesthouse in Lobuche

Die Antwort von George
Mallory, warum er auf den
Everest gehen will:
Weil er da ist

Am nächsten Morgen ziehe ich mich nach dem Frühstück so an, als bestünde die unvermeidliche Gefahr, zu erfrieren. Die bittere Kälte im Haus hat mich zu dieser Einschätzung verleitet. Zwei Pullover, ein Fleece, dicke Wetterjacke, zwei Mützen, eine Skimaske aus Wolle und die dicksten Handschuhe. Als ich nach draußen trete, kann ich fast nicht atmen. Jeder Schritt fällt schwer. Komme mir wie ein Astronaut auf dem Mond vor. Nach den ersten dreißig Schritten reicht es mir, und ich entledige mich der warmen Sachen. Die Sonne scheint und hat die vermeintliche Kälte von heute Nacht in den Hintergrund gedrängt, sodass Nare und ich bei milden Wintertemperaturen um den Gefrierpunkt durch die karge Steinlandschaft marschieren können.

Gorak Shep ist vier Kilometer entfernt und liegt zweihundert Meter höher als Lobuche. Die heutige Wanderung wird voraussichtlich nicht so kräftezehrend werden. Ich erfahre heute Abend, wie man sich täuschen und einige Situationen falsch einschätzen kann. Mancher Wanderer bekommt die Rechnung präsentiert und kann ein

Lied davon singen. Auf dieser Höhe, auf der wir uns in diesen Tagen befinden, gelten eigene Gesetze. Hier ist alles anders. Die Luft wird knapp, jede einfache Tätigkeit wird zur Herausforderung. Es ist einfach zu wenig Sauerstoff in der Atmosphäre. Manchmal hat man das Gefühl, jemand dreht allmählich den Hahn zu. Mit zunehmender Entfernung vom Meeresspiegel verringert sich die Anzahl der Sauerstoffmoleküle in der Luft, in der sich ab einer Höhe von 5000 m nur noch die Hälfte des Sauerstoffs befindet. Das liegt an dem Luftdruckgefälle, da die oberen Luftschicht-massen auf den unteren lasten.

Die Luft wird im wahrsten Sinne des Wortes immer dünner, da der Luftdruck sich um 50 % verringert. Je höher wir steigen, desto mehr rote Blutkörperchen produziert unser Körper, die den Sauerstoff ins Gewebe transportieren. Dadurch wird das Blut dickflüssiger, was einen erheblichen Mehraufwand für das menschliche Herz bedeutet. Über eine längere Zeit kann das für den Körper ungesund werden. Daher ist es wichtig, dass sich der menschliche Organismus an die neuen unbekannten Verhältnisse gewöhnen und anpassen kann. Um Höhenkrankheiten vorzubeugen, ist eine Akklimatisierung absolut ratsam. Ansonsten besteht die große Gefahr, an der Höhenkrankheit zu leiden. Jede Expedition hat ihr eigenes Programm. Auch meine Reise ist gewissermaßen eine Expedition, der ich mein eigenes Akklimatisierungsprogramm auferlegt habe. Entscheidend dabei ist die Dauer. Je mehr Zeit man sich dabei lässt, desto größer ist der Erfolg. Wichtige Faktoren sind langsames Gehen, richtiges Atmen und Aufnahme von viel Flüssigkeit. Am Tage sollte man höher steigen und in der Nacht in tieferen Lagen schlafen. Das Einbauen von Ruhetagen ist ein noch größerer Vorteil. Im Anschluss kleinerer Spaziergänge, ist es ratsam, sich eine Stunde hinzulegen. Richtet man sich nach diesen Programmen, so verhindert man die Höhenkrankheit, deren erste Symptome Kopfschmerzen, Schwindel, Benommenheit, Konzentrationsschwierigkeiten, Kurzatmigkeit und erhöhter Puls sind. In Folge kommt es zu Erbrechen, Übelkeit und Appetitlosigkeit. Wer jetzt nicht absteigt, riskiert Schlimmeres. Da es sich hier um keinen medizinischen Bericht handelt, gehe ich auf die weiteren Folgen nicht ein.

Eigentlich ist es ein Wunder, dass Menschen den Gang auf dem Mount Everest überlebt haben. Denn für diese Höhe ist der menschliche Körper ganz und gar nicht gemacht. Als Reinhold Messner sein Vorhaben bekannt gemacht hatte, zusammen mit Peter Habeler den Mount Everest ohne Zunahme von künstlichem Sauerstoff zu besteigen, haben Ärzte davor gewarnt. Sie haben seinen Plan mit der Ankündigung seines eigenen Todesurteils verglichen und gleichzeitig darauf hingewiesen, selbst mit Sauerstoff sei dieses Unterfangen lebensgefährlich. Das war im Jahre 1978. Der Rest der Geschichte ist bekannt. Etliche Bergsteiger haben es den beiden dann später gleichgetan. Unvorstellbar, wie menschliche Willenskraft sich über die medizinischen Gesetzte hinwegsetzen kann, wobei man natürlich die Frage stellen kann, wer recht hat.

Während ich nun über die Steinlandschaft stapfe, denke ich in keiner Weise an die Hälfte des fehlenden Sauerstoffes und an den veränderten Luftdruck. Ich fühle mich atemberaubend gut, wie ein Weltmeister. Gewiss gehe ich langsam und atme bei fast jedem Schritt tief durch. Aber ich komme dem Ziel näher, und nur das zählt. *Fühle mich, als wenn ich das Tal des Schweigens durchschritten hätte und mich bereits in der steilen Lhotse-Flanke befinde. Bald befinde ich mich am Südsattel.* Ich hätte nie gedacht, so weit kommen zu können. In diesem Moment bin ich wirklich stolz auf mich und meine Taten. Mein Schwimmtraining hat sich doch ausgezahlt.

Und dann sehe ich den Khumbu-Gletscher neben mir. Er hat sich lange versteckt, da im ersten Teilabschnitt haushohe Moränen vorgelagert sind. Ich fühle mich wie elektrisiert, weil er die Verbindung zum Gipfel darstellt. Wie ein reißender Fluss bahnt er sich kilometerlang seinen Weg durch die schroffe Landschaft. Eis- und Schneemassen sind teilweise von Schutt bedeckt. Ich fühle seine exorbitante Wucht in mir und werde auf einer energiegeladenen Woge der Leichtigkeit getragen. Zum wiederholten Male kommen mir die Tränen. Es sind die Tränen des Himalayas, die mich zum Verharren auffordern. Ergriffen von diesem Moment möchte ich einfach nach unten gleiten, zusammensacken, auf meinem Rücken liegend alle Viere von mir strecken und gen Himmel schauen. Ich belasse es bei diesem Gedanken, da ich sonst in dem harten Gelände Blessuren davontragen würde. Ich schaue nach Osten und erblicke den Nuptse in seiner ganzen Pracht. Er steht mit seinen 7861 m direkt vor mir und präsentiert seine imposante Westwand, um den Betrachter im Glauben zu lassen, vor dem höchsten Berg der Welt zu sein. Dieser jedoch befindet sich ganz weit hinten im Nordosten und wirkt aus dieser Perspektive deutlich kleiner. Wären Wolken nicht davor, würde ich die Spitze erkennen. Der Nuptse ist ein Schauspieler und hat die Absicht, mir etwas vorzugaukeln. Da ich gut informiert bin, lasse ich mich auf dieses Spiel nicht ein und wandere weiter.

Wir sind nun kurz vor Gorak Shep. Jetzt spüre ich doch, dass die letzten Tage viel Kraft gekostet haben. Ich bin erschöpft und freue mich sehr auf eine Pause und ein gutes Essen. Danach werde ich mich hinlegen und mich gedanklich auf den morgigen Gipfelsturm vorbereiten. Warum, weiß ich nicht, aber ich rechne damit, dass wir erst morgen zum Basislager wandern. Während ich weitergehe, nehme ich leise Hubschraubergeräusche wahr. Ich schenke dem keine weitere Beachtung und schreite voran.

Währenddessen wundere ich mich, wie die Menschen in diesen Höhen das ganze Jahr über existieren können. Grund dafür ist unter anderem, dass sie bereits mit der Geburt über einen weitaus höheren Anteil an Hämoglobin, dem Protein der roten Blutkörperchen, verfügen, welches für den Sauerstofftransport verantwortlich ist. Zum anderen ist die Höhenverträglichkeit der Einheimischen genetisch codiert. Ihre Organe, besonders Herz und Lunge, sind größer ausgebildet.

Jetzt wird das Geräusch lauter. Von der Moräne aus, auf der ich mich gerade befinde, sehe ich unter mir blaue Dächer. Ich steige langsam hinab, der Hubschrauber ist über mir und entfernt sich schnell von uns in südlicher Richtung. Das Motorengeräusch wird leiser, meine Gedanken nachdenklicher. Gleichzeitig kommen mir ein Reiter und ein Wanderer entgegen. Wir grüßen uns kurz und gehen aneinander vorbei. Der Reiter ist eine Frau, die auf einem Esel sitzt. Sie sieht sehr erschöpft und leidend aus. Der Wanderer ist ein Guide, der den Esel an einer Leine führt und ihm den Weg zeigt. Nare schaut mich schweigend an und geht weiter. Er weiß genau, was passiert ist. Die Frau weist leichte Symptome der Höhenkrankheit auf und muss sofort in niedrigere Höhen gebracht werden. Dort wird sie sich erholen.

Wir sind nun fast unten angekommen. Ich schaue nach Süden und denke an den Hubschrauber, der nicht mehr zu sehen, geschweige zu hören ist. Welche Person begleitet den Piloten? Eine verletzte oder kranke Person, die dringend auf ärztliche Hilfe angewiesen ist? Welche Geschichte verbirgt sich dahinter? Oder handelt es sich um einen gewöhnlichen Schwerlasttransport für die Herbergen, den Yaks nicht übernehmen können?

Mit diesen Fragen begrüßt mich Gorak Shep, der letzte dauerhaft bewohnte Ort vor dem Südaufstieg zum Mount Everest über das Tal des Schweigens, direkt am Khumbu-Gletscher gelegen. Ein dunkler Hügel und ein dahinter liegender Schneeberg befinden sich in nordwestlicher Richtung vor einem alten Seebett, an dem sich einige Herbergen befinden.

Pumori (weiß) und Kala Patthar (dunkel)

Das ist Gorak Shep, 5200 m hoch. Bis auf ein Gästehaus sind die Herbergen mit knallblauen Wellblechplatten bedeckt. Lustig anzuschauen, ein bunter Farbtupfer in der steingrauen Gegend. Das hinterste Gebäude leuchtet rot. Hier werde ich schlafen. Es ist das Gebäude, welches ich des Öfteren im Internet bestaunen konnte. Es steht als Symbol für Sehnsüchte und Träume, die irgendwann im Leben befriedigt und erfüllt werden. Und dann wird mir sogar die Möglichkeit gegeben, in diesem Haus zu übernachten.

Beim Mittagessen eröffnet mir Nare beiläufig, dass wir danach zum Basislager gehen. Ich schaue ihn erstaunt an. Damit habe ich nicht gerechnet. Ich bin kaputt und müde, möchte mich gerne zwei Stunden hinlegen. Er erwidert, dass wir das gut hinkriegen werden. Ich erinnere mich an die Worte des jungen Trekkers in Namze, der von einem leichten Spaziergang sprach. Diese Argumente und das wundervolle Gefühl, noch heute die Stunde der Stunde zu erleben, von der ich so lange geträumt habe und die nun Wirklichkeit werden soll, stimmen mich um. Also heute Nachmittag, an diesem 24. März 2019, wird es geschehen. Ich erlebe meinen persönlichen Gipfelsturm.

Als ich vor die Tür gehe, fühle ich mich erschöpft, aber der Gedanke an das zu Erreichende schenkt mir so viel Energie und Willenskraft, dass ich losmarschiere, wie von Geisterhand gedopt. Nare ist so freundlich und trägt meinen Tagesrucksack. Da es sich um einen kleinen Ausflug handelt, lassen wir das gesamte Gepäck in der Unterkunft. Es fühlt sich gut an, nichts auf dem Rücken zu tragen. Durch das ausgetrocknete Seebett gehen wir am Kala Patthar vorbei, der in der Region als schönster und beliebtester Aussichtspunkt gilt. Da dieser lediglich 5545 m hoch ist, zählt er in Nepal nicht offiziell zu den Bergen. Dieser „Schwarze Stein", wie er genannt wird, bietet eine hervorragende Aussicht auf Mount Everest, Nuptse, Khumbu-Gletscher und Eisbruch. Das Tal des Schweigens ist verdeckt, jedoch zu erahnen. Dem Betrachter wird ein unvergessenes Postkartenpanorama geschenkt. Ob ich auf den Hügel morgen hinauf gehe, ist noch ungewiss. Ich grüße den Pumori mit seiner schneeweißen Spitze, der sich unmittelbar hinter dem Kala Patthar aufbaut. Bei herrlichem Wetter geht es weiter in Richtung Basislager. Jetzt ist es wirklich so weit, nichts kann uns mehr aufhalten. In diesem Moment merke ich nicht, dass ich mich normalerweise ausruhen sollte, um mich an diese neue Höhe zu gewöhnen.

Nach einer Stunde sind wir noch nicht am Ziel. Ich frage mich, wann es endlich so weit sein wird. Im Angesicht des Nuptse wandeln wir auf der Moräne des Khumbu-Gletschers. Er hat mit seiner gewaltigen Westwand für kurze Zeit die Schutzfunktion der Ama Dablan übernommen. Vereinzelt kommen uns Yaks entgegen. Nicht viele Menschen sind unterwegs. Nur Schutt, Gestein, Eis, Schnee und die Berge sind um uns. Ich bin umgeben von einer friedlichen Stille mit einer ganz besonderen Atmosphäre und höre leise in der Ferne melodisch erklingend Kirchenglocken, begleitet von zarter Violinen-Klavier- und Orgelmusik, eine Symphonie voller Harmonie und Romantik. In Wahrheit nehme ich nur mein schweres Atmen und die Geräusche der Natur war. Das zärtliche Knirschen der Steine, das leise Knacken des Eises, das demütige Rutschen der Schneemassen, das Grunzen der Yaks und das Hauchen des Windes. Irgendwo in der Ferne ist ein Eisturm in sich zusammengefallen. Unbedeutend und kaum wahrnehmbar. Während die Dramatik, die sich durch dieses Ereignis entwickeln kann, nicht spürbar ist, lässt sich die Urgewalt der Natur nur erahnen, der wir Menschen hilflos gegenüberstehen. Diese Urgewalt, begegnen wir sie mit Respekt und Anstand, kann uns auch ungemein helfen und mit ihrer Energie auf den richtigen Weg bringen.

Der Khumbu-Gletscher

Yaks kurz vor dem Basislager

Den Südsattel habe ich hinter mir gelassen. Nun wandele ich auf dem Grat Richtung Südgipfel. Bald bin ich dort und habe es wirklich geschafft. Nur jetzt durchhalten, obwohl ich mit meinen Kräften am Ende bin. Die Reserven scheinen erloschen zu sein. Ich bete zu Gott und zu den Seelen der zurückgebliebenen Bergsteiger.

Wir gehen weiter, ich fühle mich immer erschöpfter, meine Beine werden müde. Die Kraft der umliegenden Berge scheinen mir nicht helfen zu können. Immer wieder schaue ich auf meine Uhr. Nun sind wir schon über 1,5 Stunden unterwegs und noch kein Ende in Sicht. Von einem Spaziergang zu sprechen, halte ich für sehr gewagt. Allmählich erahne ich, dass man für diese Wanderung einen eigenständigen Trekkingtag einplanen sollte. Diese Erkenntnis kommt an diesem Nachmittag für mich leider zu spät. Und wir müssen den ganzen Weg wieder zurückgehen. Da ich nicht weiß, wann wir am Basislager ankommen, steigt in diesem Moment Panik in mir auf. Ich denke gerade jetzt an Rob Hall, der immer gepredigt hat, um spätestens 14 Uhr den Rückweg anzutreten, egal wo man sich in dem Moment befindet. Er selber hat dann sein Wort gebrochen und war weit über zwei Stunden später noch am Berg, um einen seiner Kunden zum Gipfelsturm zu verhelfen. Beide haben den Kampf gegen das Unwetter verloren. Ich denke an Kälte und Dunkelheit und wie ich hier auf dem harten Gestein die Nacht verbringen könnte. Handelt es sich bei diesem Aspekt um eine neue Stufe der Grenzerfahrung, die für mich vorgesehen ist?

Ich bin gleich am Südgipfel. Nur noch hundert Höhenmeter sind zu überwinden. Irgendwie geht es weiter, Schritt für Schritt. Es ist stürmisch, die Kälte scheint meinen Körper zu zermartern. Soll ich umkehren? So kurz vorm Ziel? Der Hillary Step wartet auch noch auf mich, diese zwölf Meter steile Felsstufe kurz vorm Gipfel. Reicht meine Kraft zum Abstieg? Komme ich rechtzeitig ins Zelt?

Wann sehe ich endlich den Everest? Ich stelle mir die Frage, um mich von meiner Müdigkeit und Kraftlosigkeit abzulenken. Mir ist bekannt, dass er vom Basislager überhaupt nicht zu sehen ist. Der Bergsteiger bekommt ihn erst nach dem schwierigen Gang durch den Eisbruch beim Eintritt in das Tal des Schweigens zu Gesicht. Sozusagen als Lohn für den Mut, den lebensgefährlichen Ritt durch den Eisfall auf sich genommen zu haben.

Für den tapferen Wanderer gibt es eine Passage auf dem Weg zum Basislager, in der der höchste Berg der Welt seine Gipfelpyramide freigibt und der Welt präsentiert. Stolz und andächtig zugleich, bescheiden im Hintergrund, sich dem

Betrachter nicht als das ausgibt, was er in Wirklichkeit ist.

Und dann kommt endlich der Moment, in dem er sich zeigt. Nach zwei harten Stunden schiebt er sich in mein Blickfeld. Ich sehe ganz weit hinten viele gelbe Zelte an dem Punkt, wo der Gletscher nach Osten abbiegt und sich zum Eisbruch verändert, der vom Tal des Schweigens 600 m tief fällt.

Da ist das Basislager, so weit weg. Das kann doch nicht sein. Unglaublich. Da brauche ich noch 3 Stunden. Nare, was machst Du mit mir?

Jetzt ist der Augenblick gekommen, wo ich aufgeben möchte. Ich sacke imaginär in mich zusammen und lasse mich fallen. Ich schaue zum Everest und bete ihn förmlich an. Soll er mir die Antwort geben? Weiß er einen Rat?

Der markante Fels in der Mitte des Bildes

Ich wende mich an Nare und sage ihm, dass ich nicht mehr kann und es besser wäre, umzukehren. Ich bin echt groggy und fertig.

In diesem Augenblick bin ich mit dem zufrieden und glücklich, was ich erlebt und gesehen habe. Mein Guide erklärt mir, dass es nicht mehr weit ist. Erfolgt eine Wendung meiner Gedanken?

Sieh doch, dort unten ist es. Wir sind gleich dort, mein Freund. Nare zeigt mit seiner ausgestreckten Hand nach Osten. Ich erblicke ein einzelnes gelbes Zelt, circa 500 m von uns entfernt. Wir brauchen nur von der Moräne über das Geröll hinuntergehen, dann scheint es geschafft zu sein.

Soll ich zurückgehen? Ich habe Tausende von Kilometern zurückgelegt, um hier zu sein, noch fehlen 500 m. Gesundheit geht aber vor. Ich fühle mich, als stünde ich kurz unter dem Gipfel, um dann 50 m davor zurückkehren zu müssen, weil ich es wegen Wetterumbruch, Kälte, Dunkelheit und Erschöpfung nicht mehr rechtzeitig zum Zelt schaffe.

Wir verlassen die Moräne und steigen hinab. Nare ist schon losgegangen, er weiß, wie ich mich entscheide. Wie in Trance gehe ich an großen

Felsbrocken vorbei, zwei Yaks passieren mich, ich weiche nicht mal aus. Jetzt bin ich ein Sherpa und vereint mit der Natur und den Tieren. Ich bin selber ein Yak geworden und habe vor nichts mehr Angst.

Schritt für Schritt gehe ich auf den Nuptse zu, er zieht mich förmlich an. Meine schweren Beine sind nicht zu spüren. Bin ich wirklich gleich da? Wo sind die ganzen Zelte der Bergsteiger, die von hier aus ihre Expeditionen starten?

Die Eis- und Schneemassen des Gletschers vor Augen, der Blick in den Beginn des Eisbruches, gleich bin ich am Ziel, nun kann nichts mehr dazwischenkommen. Ein Traum wird in dieser Sekunde wahr. Ich komme an einen mit vielen Gebetsfahnen geschmückten Platz, gelegen am Rande des Gletschers. Steinplatten sind zu einem kleinen Kreis geformt, in der Mitte ist ein mit Gebetsfahnen behangener Holzpfahl im Boden eingelassen. Auf einem Stein steht in schwarzen Buchstaben „EVEREST BASE CAMP 2019". Jetzt befinden wir uns auf einer Höhe von 5400 m. Nare und ich umarmen uns und beglückwünschen einander. Ich habe es tatsächlich geschafft und stehe am Denkmal des

EBC hundert Meter von dem gelben Zelt entfernt, welches den Eingangsbereich des Basislagers markiert. Das eigentliche Basislager steht drei Kilometer weiter auf der Seitenmoräne an der Gletscherbiegung, mit Sicht auf den Eisbruch. Für den Zutritt des Basislagers wird ein Nachweis an einer Expeditionsteilnahme benötigt. Vor Erschöpfung fehlt mir die Kraft, den Gipfelsturm ausgiebig zu bejubeln.

Ich habe den Gipfel erreicht! Der Gipfelsturm ist mir gelungen!

Unfassbarer Wahnsinn, der hier geschehen ist. Ich habe nicht mal die Kraft, vor Freude zu weinen.

Ich setzte mich auf einen Stein und schließe kurz die Augen, um das Vollbrachte zu realisieren und zu verarbeiten. Urplötzlich meldet sich mein Kreislauf, der mir sagen will, dass die heutige Tour sehr heftig und grenzwertig ist. Nare schaut mich besorgt an, als ich ihm signalisiere, dass mit mir etwas nicht stimmt. Ich trinke viel Wasser und esse Ingwer, Knoblauch und einen Energieriegel. Als Dessert gibt es paar Gummibärchen. Nach zwanzig Minuten geht es mir wieder besser. Dafür bin ich sehr dankbar und genieße die wundervolle Atmosphäre. Gegenüber den professionellen Bergsteigern genieße ich den Vorteil, einen dezenten Blick auf den seitlichen Teil der Gipfelpyramide zu werfen. An diesem Ort herrscht eine harmonische Stille, da nur fünf Menschen anwesend sind. Es erfüllt mich mit Stolz, dass ich hier sein darf und es mit meiner eigenen Körperkraft und meinen eigenen Willen geschafft habe, am Basislager zu stehen. Andächtig höre ich den Geräuschen der Natur zu und schließe ein zweites Mal meine Augen.

Zur Feier des Tages haben wir ein Lagerfeuer vorbereitet. Es gibt leckeres Grillfleisch mit Reis. George, Edmund, Tenzing, Reinhold, Nare und ich sitzen am flackernden Feuer und feiern diesen besonderen Tag. Und sie sind wirklich da! Wahrhaftig. Ich sitze mit den Ikonen der Bergsteigerwelt zusammen am Lagerfeuer des EBC. Sie sind allesamt Legenden. Und ich bin mit Ihnen. Das ist eine Leistung. Das kann kein anderer erzählen. Ich bin der erste Mensch auf dem Planeten, dem dieses gelingt. Die Welt wird auf mich schauen und mich bewundern. Nur will ich das? Mitnichten. Ich will diesen unvergessenen Moment nur mit meiner Seele feiern und mit Nare, dem ich alles zu verdanken habe. Es wird ein denkwürdiger Abend. Jede Legende erzählt seine Geschichte vom Berg. Nare und ich hören aufmerksam zu. Die Zusammenkunft und die Geschichten bleiben am Feuer. Sie sind in unseren Herzen und werden nicht weitergetragen. Mit dem guten Gefühl, auch als einfacher Bergsteiger von den Berühmtheiten respektiert zu werden und einer von ihnen zu sein, lege ich mich schlafen ...

Nach der Pause holt mich die Realität schnell wieder ein. Nare gibt mir zu verstehen, dass wir zurückgehen sollten, um rechtzeitig vor Einbruch der Dunkelheit wieder in Gorak Shep zu sein. In den Momenten der totalen inneren Zufriedenheit habe ich an den Rückweg nicht mehr gedacht. Ich raffe mich auf und gehe mit Nare los. Mir geht es gut, aber ich fühle, dass mein Akku mehr als leer ist. Ein kurzer Blick zurück und auf geht es. Wir haben noch mehr als zwei Stunden vor uns. Mit jedem Schritt, den ich der Unterkunft näherkomme, spüre ich die totale Erschöpfung. Nach einer Stunde setzt die Abenddämmerung ein. Nichts wäre jetzt unangenehmer, als sich im Dunkeln über Stock und Stein durch die Gegend quälen zu müssen. Auch wenn es leicht abwärts geht, ist äußerste Vorsicht und höchste Konzentration geboten. Selbst bei Helligkeit ist dies durch den Verlust der Kraftreserven ein kompliziertes Unterfangen. Die Dunkelheit zusätzlich schraubt den Schwierigkeitsfaktor in ungeahnte Höhen.

Ich wage Nare nicht zu fragen, wie lange wir noch brauchen. Da ich keinen klaren Gedanken fassen kann, möchte ich die Antwort nicht hören, um nicht in ein weiteres Loch zu fallen. Ich bete, dass ich durchhalte und gesund ankomme. Ich bin müde und verspüre den Drang, mich einfach hinzulegen und alles Weitere der Natur zu überlassen. Nach einer Weile stelle ich fest, dass es dunkel geworden ist und der unwegsame Pfad in das alte Seebett übergegangen ist. Gott sei Dank! Mit Taschenlampe taumele ich Richtung Unterkunft. Es ist vollbracht. Wir sind heile zurück. Ein langer Tag geht zu Ende. Zehn Stunden, davon zwei Stunden Pause. Ein Hammertag, wirklich schlimm. Dennoch bin ich dankbar für alles Erreichte und Geschehene.

Beim Abendessen sehe ich in die Gesichter der anderen Trekker. Sie sehen alle fertig aus, einige kommen sogar vom Kala Patthar. Wie sie das geschafft haben, ist mir ein großes Rätsel, aber ich zolle ihnen höchsten Respekt. Ich wünsche Ihnen für den Abstieg alles erdenklich Gute. Mögen sie alle gesund in Lukla ankommen. Nach dem Essen fühle ich mich gestärkt und es gibt mir das gute Gefühl, morgen mit neuen Lebensgeistern in den Tag gehen zu können. Soll ich den schwarzen Stein hinaufgehen? Vor einigen Stunden hätte ich dankend abgelehnt und nicht einen einzigen Gedanken daran verschwendet. Ich werde auf mein Bauchgefühl hören und dann entscheiden. Mein Innerstes muss an das Gesamte denken, an den langen Abstieg nach Phaplu und an meine Gesundheit. Mir wird klar, dass ich erst die Hälfte der Strecke hinter mich gebracht habe. Im Gefühl des Gipfelsturms darf ich nicht leichtsinnig werden, sondern habe gegenüber meinem Körper die Pflicht, genau abzuwägen, was sinnvoll ist. Immerhin hat mein Körper mich hierhergeführt. Somit hat er es auch verdient, wenn ich ihn nach Phaplu zurückbringe. Ich stehe nun in der Verantwortung, ihm etwas zurückzugeben. Obwohl ich total kaputt bin, schenkt mir mein Körper die nötige Energie, mit tausenden von zauberhaften Glücksgefühlen zu Bett zu gehen.

Ich wünsche mir diesen Zustand für die Ewigkeit. *... Es wird stürmischer, meine Gedanken sind leer. Der Südgipfel ist nun erreicht. Ich sehe und höre nichts, die Naturkräfte spielen ihr atemberaubendes Spiel und zeigen der Menschheit, wie klein und nichtig sie in Wahrheit ist. Eine fremde Macht schiebt mich weiter. Ich denke an* *nichts, nicht an Zuhause, nicht an mein bisheriges Leben. Später werde ich mich an diesen Abschnitt nicht erinnern können. Ob ich hungrig und durstig bin, weiß ich nicht. Bin ich kraftlos oder unendlich müde? Mein Langzeitgedächtnis vermeldet nur, dass gleich die grausame Felsstufe kommt, der Hillary Step, das letzte Hindernis, dann sind es noch 50 Meter. Meine Beine tragen mich in die Unendlichkeit und geben mir die Chance, in einer neuen Sphäre zu verweilen. Was werde ich oben fühlen? Was werde ich denken?*

Ich klettere die Stufe hoch, zwölf Meter. Das Zeitgefühl geht hier oben verloren, ich habe keine Ahnung, wie lange ich dafür benötige. Zeit und Raum sind undefinierbar geworden. Ich muss darauf achten, dass mein schwerer Rucksack mich nicht in die Tiefe reißt. Noch ein, zwei schwere langsame Schritte, die Stufe ist geschafft. Alle Barrieren habe ich hinter mir gelassen. Jetzt kommen nur noch die letzten Schritte zum Gipfel. Nun erhalte ich gleich den Lohn für alle Erschwernisse und Mühen, die ich auf mich geladen habe. Die ganze Erde habe ich unter mir gelassen, mit all den Ängsten und Sorgen, mit all der Pein. Die Reinheit des Schnees, die Klarheit des Eises und die Kraft der Felsen sind in mir und nähren meinen Geist. In dem Augenblick, in dem ich meinen Fuß auf die höchste Stelle setze, verschmelze ich mit dem Berg …

Blick auf Kala Patthar (dunkler Hügel), von der Unterkunft in Gorak Shep ausgesehen. Beladene Yaks mit ihren Treibern auf dem Weg zum Basislager.

Der Siegestaumel hat mich trotz der Höhe in einen tiefen Schlaf geschickt, aus dem ich heute Morgen freudetrunken erwache. Vor unserer Unterkunft mache ich nach dem Frühstück bei strahlend blauem Himmel von der Umgebung einige Bilder. Es versteht sich von selbst, dass ich das Bild mit dem roten Gebäude aus dem Internet nachstelle.

Ich schaue auf den Kala Patthar und dem Pumori, die sich direkt gegenüber unserer Pension befinden. Von hier aus fühlt es sich wie ein Katzensprung an. Wie in vielen Situationen hier oben, unterliege ich einem großen Irrtum, dem ich mir zum Glück bewusst bin. Nare macht auch keine Anstalten, mich umzustimmen, als ich ihm mitteile, dass ich darauf verzichte, hinauf zu steigen. Meine Überlegungen haben nicht lange gedauert. Ich bin innerlich total ausgelaugt. Es wäre sehr leichtsinnig, hochzugehen. Die Vernunft hat mich zu diesem Verzicht bewogen. Auf- und Abstieg hätten mit Sicherheit fünf Stunden in Anspruch genommen.

Mir fehlen Überzeugung, Ehrgeiz und Einstellung, Nare zu bitten, noch mindestens zwei Tage hier zu bleiben. Dann wäre das Vorhaben in die Möglichkeit des Machbaren gerückt. Ebenso hätte es mir gutgetan, die Wanderung zum Basislager auf heute zu legen, um dann morgen in Ruhe weiterzuziehen, wohlgemerkt ohne auf den Kala Patthar zu gehen. Jetzt muss ich an die Engländerin aus Dingboche denken, die diesen ganzen Kraftakt an einem Tag auf sich laden will, mit Start und Ziel in Lobuche. Welch Energieleistung, die ich mir persönlich nicht zutraue und unendlichen Respekt verdient.

Also bleibt mir nichts anderes übrig, mich von Gorak Shep zu verabschieden. Mir wird allmählich klar, dass es zurückgeht. Mit einer kleinen Portion Wehmut und einer großen voller Glücksgefühle schreite ich voran. In dem Wissen, beträchtliches geleistet und mein ersehntes Ziel erreicht zu haben, bewegen sich meine Beine Richtung Lobuche. Dort essen wir zu Mittag. Bis nach Thukla geht es am Khumbu-Gletscher den gleichen Weg zurück, wo wir dann nach Südwesten schwenken, um parallel des Hinweges in südöstliche Richtung weiterzugehen.

Vorher verabschiede ich mich von dem über-dimensionalen Monument aus Schnee, Eis und Geröll, um am Memorial allen verstorbenen Bergsteigern mit einem kurzen Mantra die letzte Ehre zu erweisen. Mögen sie die neuen Gefährten freundschaftlich aufnehmen und ihnen einen geeigneten Platz in ihrer Mitte anbieten. Die Naturgeister werden auch in Zukunft ihr Urteil fällen und tapfere Bergsteiger zu sich nehmen. Diese traurige Gewissheit in mir wandern wir weiter nach Pheriche. In diesem Ort werden wir übernachten und den morgigen Tag verbringen. Meine Knochen verlangen nach einem freien Tag. Noch kann ich nicht ahnen, dass die nächsten zwei Tage einen sehr intensiven und bleibenden Eindruck bei mir hinterlassen werden.

An dem Ehrenmal für die Bergsteiger schlägt das Wetter plötzlich um. Innerhalb von einigen Minuten legt sich ein dichter Nebelschleier über die Landschaft. Die Ama Dablan ist verschwunden. Zeigte sie auf der Hintour noch ihr prachtvolles Gewand, so enttäuscht sie heute mit Abwesenheit. Nach zwei Stunden stetigen Absteigens erreichen wir Pheriche auf 4400 m. In der Unterkunft ist es genauso bitterkalt wie oben in Gorak Shep. Da sich nur vier Gäste im Haus befinden, wurde noch kein Feuer gemacht. Es bleibt mir nichts anderes übrig, als in dickster Verpackung am Tisch Platz zu nehmen. Die Kälte im Haus ist der Vorbote für einen dramatischen Wetterumschwung, von dem ich in diesem Moment noch nichts ahnen kann. Viele Tage später werde ich realisieren, dass kleine Momente das Leben entscheiden und es in die richtige Bahn führen können. In mir sind Gedanken, die sich ausschließlich mit dem hiesigen Lebensraum der Menschen beschäftigen. Die Wildnis, in der die Einwohner ihr ganzes Leben verbringen, ist von Kälte, Einsamkeit und Überlebenstraining geprägt. Für uns Westeuropäer liegt die Vorstellungskraft, hier sesshaft zu werden, von der Realität genauso weit entfernt, wie das Weltall unendlich ist. Ich befinde mich gerade in einer entsprechenden mentalen Verfassung, die es mir erlaubt, darüber nachzudenken, einmal alles hinter sich zu lassen und in eine völlig neue Welt zu gehen. Sicherlich wird mir zum entscheidenden Schritt der Mut und die letzte Überzeugung fehlen. Nach einigen Wochen des Eintauchens in den heimatlichen Alltag werden die fremdartigen Sehnsuchtsgefühle hinter den Vorhang der Vergessenheit gezogen. Mir gegenüber haben die Nepalesen den Vorteil, in diese raue Welt hineingeboren zu werden und diese als gänzlich normal anzusehen. Dennoch bleibt es für mich eine Meisterleistung, mit was für einer Selbstverständlichkeit die Einheimischen hier oben das alltägliche Leben bewältigen.

Ich genieße am frühen Abend die Ruhe im großen Aufenthaltsraum, der für mindestens fünfzig Personen Platz bietet, jedoch heute fast leer ist. Die Einrichtung ähnelt sich den anderen Lodges entlang des Everest Treks. Der Boden ist mit dicken Holzbohlen ausgelegt. In der Mitte steht ein schwarzer gusseiserner runder Ofen, der als Feuerstelle und Kamin dient. Ein feuerfestes Blechrohr führt direkt nach oben durch das Dach. Geheizt wird überwiegend mit getrockneten Yakdung , da Holz oft Mangelware ist. An den Wänden stehen Tische aus Massivholz mit Holzbänken und Kunststoff-Gartenstühlen. In einer Ecke befindet sich ein kleiner Tresen mit Hängeschränken, in denen Geschirr und Lebensmittel verstaut sind. Das gesamte Holz ist in hell- und dunkelbraun gehalten. Um den Ofen herum befindet sich genügend Platz für Stühle, damit sich die Gäste bei Bedarf erwärmen können. An den Wänden hängen Gebetsfahnen und Tücher mit heiligen Symbolen, hier und da vereinzelt Bilder oder Poster vom Dalai Lama und den umliegenden Schneegipfeln. Es herrscht eine gemütliche, saubere und rustikale Atmosphäre. Da die Nepalesen in dieser Gegend nur einen kleinen Holzvorrat haben, heizen sie weniger. Ihr Kälteempfinden hat sich auf die Gegebenheiten eingestellt. Selbst Nare hat mir gegenüber zugegeben, dass es ihm auf Dauer zu kalt ist und er sich wieder auf Höhen um die 3000 m freut. Ein weiterer Grund, warum er darauf verzichtet hat, mir anzubieten, drei bis vier Tage länger in Gorak Shep zu bleiben.

Morgen werde ich am eigenen Leibe erfahren, was es bedeutet, über gar keine Kraftreserven verfügen zu können und den unbezahlbaren Wert eines freien Tages schätzen zu lernen …

… Ich schaue auf die Berge unter mir und möchte nicht absteigen, will für immer hier oben bleiben. Ich habe den Gipfel erreicht, bin in neue Dimensionen vorgestoßen, habe die ganze Erde unter mir gelassen und mich auf eine nie erreichbare Gedankenwelt gehoben. Eine Klarheit ist in mir, wie ich sie noch nie erlebt habe, eine Reinheit höchsten Ausmaßes, ein nicht erklärbarer Zustand. Ist das die Leichtigkeit in Vollendung? Ich verabschiede mich und beginne, langsam Richtung Dunkelheit abzusteigen. Alle wunderschönen Gedanken in mir eingefroren, wie Gletscherschnee an den Bergen …

Ich weiß nicht, was in dieser Nacht geschehen ist. Während ich gut schlafe, haben die Ortsgeister entschieden, mich auf eine harte Probe zu stellen, deren Bedeutung ich erst viel später verstehen werde. Als ich morgens aufwache, ist alles anders, als an den vorherigen Tagen. In meinem Zimmer hat sich auf geheimnisvolle Weise ein Schleier undefinierbaren Duftes gelegt. Ich kann den Duft zuerst nicht einordnen. Was ist hier nur los? Wonach riecht es? Es ist nicht angenehm und verschlechtert in jedem Fall die Atmosphäre. Ich stehe auf, um das Zimmerfenster zu öffnen und erlebe eine weitere Überraschung. Da die Schneewelt auf Pheriche gefallen ist, werde ich von einer weißen Pracht geblendet. Ich kann es kaum glauben. Absoluter Wintereinbruch. Es muss die ganze Nacht durchgeschneit haben, da nun vor meinem Fenster weit mehr als zehn Zentimeter hoher Schnee liegt. Was mag das nur für die oberen Regionen bedeuten? Die Gedanken muss ich nach hinten stellen, da meine Nase im Begriff ist, den Geruch in meinem Zimmer zu erkennen. Spiritus! Es riecht nach Spiritus, Benzin oder Gas. Irgendetwas in dieser Richtung.

Sind das Zeichen für eine dramatische Wendung der Tour? Worauf soll ich hingewiesen werden?

Was wird passieren? Werde ich in diesen Tagen geläutert? Mir kommt es vor, wenn ich nach draußen blicke, am Ende einer weißen Welt zu sein.

Beim Frühstück spreche ich Nare auf mein Problem an. Er nimmt den Wirt in die Pflicht, der sofort mit uns auf mein Zimmer geht, um der Sache auf den Grund zu gehen. Die beiden können nichts Schlimmes feststellen und wundern sich über meinen überaus sensiblen Geruchssinn. Bilde ich mir alles ein? Oder bin ich wirklich so ausgelaugt und innerlich fertig, dass ich alles rieche? Ich bekomme freundlicherweise ein neues Zimmer, in dem ich mich wohler fühle. Also doch keine Einbildung. Später räumt der Wirt ein, dass sein Nachbar in irgendeiner Weise mit Benzin arbeitet und der Geruch hier hereinziehen kann, von dem sich die Nepalesen aber nicht stören lassen. Nach dem Frühstück lege ich mich wieder hin. Ich bin total kaputt und mir ist irgendwie übel. Die Tage um Gorak Shep waren zu anstrengend für mich. Ich starre aus dem Fenster und sehe tausende von Schnee-flocken, die der gnadenlose Himmel über Pheriche ausschüttet.

Wie soll das nur enden? Während ich in eine mystische Welt voller Abenteuer eintauche, überlege ich, ob ich das alles nur träume oder ich mich in der Realität befinde. Mir ist jetzt schon bewusst, dass ich diesen Ort niemals vergessen werde. Das alles entscheidende Ereignis dafür werde ich jedoch erst am morgigen Tag erleben. Selbst das Mittagsessen schmeckt mir nicht. Ich bin appetitlos, fühle ein ständiges Brechgefühl und kann die ganzen Lebensmittel nicht riechen, die mir gestern noch geschmeckt haben. Alles fällt mir sehr schwer, auch der dreißigminütige Spaziergang am Nachmittag ist für mich heute sehr anstrengend. Nare schaut mich besorgt an und stellt mir einige Standardfragen zu meinem Wohlbefinden hinsichtlich Verdauung, Schlafverhalten, Kopfschmerzen und Kreislauf. Ich bestehe die Prüfung.

Nare lehnt sich unbesorgt zurück und meint, ich bin nur *powerless, das wird morgen schon wieder.* Er macht sich um das Wetter mehr Sorgen, als um meinen allgemeinen Zustand, denn der Schnee lässt einfach nicht nach. Dass ich meinen geschwächten Zustand neben der Überanstrengung auch einer leichten Benzinunverträglichkeit zuschreibe, behalte ich aus Respekt für mich. Vor dem Abendessen schlafe ich noch eine Stunde tief und fest. Dann setze ich mich vor meinem Fenster und schaue gedankenverloren hinaus. Was für eine Winterwelt, die ich hier erleben darf. Ich fühle mich gerade wie ein einsamer Trapper im kanadischen Wald, der einen Bären auf sich zugehen sieht und dem ein Entfliehen unmöglich erscheint. Die Lage scheint aussichtslos. Es gibt nur zwei Möglichkeiten, die den Trapper retten. Entweder zieht der Bär sich zurück oder geht an dem Mann in friedlicher Absicht vorbei. Ich bete zum Universum, dass Nare und ich morgen weiterziehen können und wir beide hier unversehrt herauskommen. Möge der Himmel eine weise Entscheidung treffen und die Produktion von Schneeflocken einstellen. Nur dann sind wir in der Lage, weiter abzusteigen.

Beim Abendessen berichten zwei Wanderer, die sich kurz vor Dunkelheit vor dem Schneetreiben noch ins Haus retten können, dass das Basislager wegen Neuschnees seit gestern geschlossen ist. Daher ist der Weg von Gorek Shep zurzeit gesperrt. Ich verspüre, dass ich sehr großes Glück gehabt habe und die Berggeister es gut mit mir gemeint haben. Aus diesem Grunde bin ich für morgen sehr zuversichtlich, dass es vorangeht. Heute gehe ich noch früher ins Bett als üblich und schlafe den Schlaf der Gerechten, in meinem Falle, der völlig Ausgelaugten.

Während der Nacht erholt sich mein Körper Stunde für Stunde und treten die Schneegeister ihren Rückzug aus Pheriche an. Ich erwache am Morgen mit einem neuen Lebensgefühl. Mir geht es viel besser und das Frühstück schmeckt. Dank des Ruhetages scheine ich zu alter Stärke zurückgefunden zu haben. Das Wetter hat es mir gleichgetan. Bei uns beiden hat sich der Gemütszustand jeweils um 180 Grad gedreht. Als ich vor die Tür trete, empfängt mich eine Wunderwinterwelt. Die gesamte Berglandschaft ist in einem glänzenden Weiß eingetaucht und die Sonne scheint von einem fast wolkenfreien Himmel. Ich tauche in diese zauberhafte Landschaft ein, von weißem Puderzucker zart bedeckte schroffe Felsen, die diesen einen Moment für die Ewigkeit ausmacht. Im schneeweißen Antlitz der übermächtig scheinenden Berge verlassen wir langsam den kleinen Ort, der in der einsamen Wildnis seine Berechtigung für ein abenteuerliches Leben wahrlich gefunden hat. Östlich im gleißenden Sonnenlicht hat sich die Ama Dablan vor uns aufgebaut und kündigt uns allmählich eine Geschichte des Windes an. Ganz weit im Süden leuchtet eine Gebirgskette mit dem fast 6800 m hohen Kangtega, auf die wir zusteuern.

Einsam im Schnee, kurz hinter Pheriche, mit Blick auf den Kangtega

Es ist ein atemberaubendes Bild, welches mir in gütiger Form präsentiert wird. Wo ich überall hinschaue, erblicken meine Augen einen Teppich aus weißen Fasern, der in der letzten Nacht über die gesamte Landschaft ausgerollt wurde. Ein Weiß, mehrere Nuancen höher als ein Engelsgewand. Trotz der Ruhe, die jetzt über uns ist, kündigen die Berge für die nächsten Minuten etwas an, was mich verändern wird. Gerade wundere ich mich noch, warum Nare sich eine dicke Wollmütze aufgesetzt hat, schon spüre ich in der nächsten Minute einen heftigen Wind um uns. Ich setze meine Kapuze auf und stapfe weiter durch den Schnee. Der Wind wird stärker und weitet sich zu einem ungemütlichen Sturm aus, der keine Gefahr darstellt, weil wir uns nicht auf einem schmalen, steilen Pfad befinden. Der frisch gefallene Schnee wird aufgewirbelt. Wir befinden uns in einem Schneesturm, der mir um die Ohren saust. Ich kann nur seine Stimme vernehmen und habe das Gefühl, dass er orkanartig über uns hinwegfegt. Wir nähern uns dem Pheriche Pass, nach diesem es dann südwestlich Richtung Debuche weitergehen soll. Während der Weg steiler und schmaler wird, gönnt sich der Sturm eine kleine Pause, um nach einigen Minuten stärker als zuvor zurückzukommen. Er wird jähzorniger und unsympathischer, als sende er eine Warnung. Ich werde hin und her geschüttelt, kann mich kaum halten. Oder empfinde ich es nur so? Für mich ist es der erste Schneesturm im Hochhimalaya, das muss man erst mal verkraften. Jede weitere Minute wird es ungemütlicher. Mein Respekt beginnt, sich in Angst umzuwandeln. Es ist für mich schwieriger, meinen Körper zu kontrollieren, da ich die Heftigkeit der einzelnen Windstöße nicht einschätzen kann. Links von mir ist der Weg stark abschüssig, bestimmt zwanzig Meter. Rechter Hand habe ich noch ein bisschen Spielraum, bevor der Hang von oben abfällt. Dort liegen einige größere Steine, an denen ich mich festhalten kann, um nicht vom Weg weggeblasen zu werden.

Es ist meine Absicht gewesen, hier oben die Kälte zu spüren, die Sonne zu fühlen und den Wind in mein Gesicht peitschen zu lassen, aber nicht mit ihm ums Überleben kämpfen. Während mir die Aussichtslosigkeit dieser Auseinandersetzung vor Augen geführt wird, bin ich seiner unbändigen Kraft hilflos ausgeliefert.

Wie weit geht die Natur mit Dir, um Grenzerfahrungen erleben zu können? Fordern wir die Natur zu weit heraus, kann es für uns Menschen bitter enden.

Ein Sturm zieht auf, kurz hinter Pheriche

Der Sturm spielt weiter sein Lied, posaunen- und orgelartig, ein Intermezzo in fortissimo. Er treibt mich so zur Verzweiflung, dass ich abrupt stehen bleibe und Nare rufe. Es sind Schreie, die im tosenden Konzert der Naturgewalten verhallen. Mein Guide hört mich nicht. Ich hocke mich auf den Pfad und halte mich mit beiden Händen an einem großen Stein fest und warte auf die Entscheidung Gottes, während der Sturm seine Geschichte weitererzählt, unbeirrt und rücksichtslos. Ich schaue nach unten in den Abgrund. Meine Gedanken kreisen. Es geht um Zehntelsekunden, die auf einer Höhe von 4300 m über Freud und Leid entscheiden. Leider ist es nicht vorhersehbar, wie sich das Universum für mich entscheidet, wenn ich jetzt weitergehe. Die traurige Gewissheit liegt darin, nicht zu erkennen, wie sich die Natur verhält. Halte ich dem Wind stand, wenn ich mich in der nächsten Sekunde erhebe und weiter voranschreite? Eine Korrektur meiner Gedanken ist in dieser prekären Situation nicht möglich. Sind das die Gefühle, die die Angst um sein eigenes Leben ausdrücken? Ich denke an zu Hause und an Heidi und stelle fest, dass ich nicht weinen kann. Ich bin noch nicht in der Endzeitstimmung, in der mein ganzes Leben in Sekunden an mir vorbeizieht. So bleibe ich am

Stein kleben und erkenne, dass auch Nare nun stehengeblieben ist, ungefähr zwanzig Meter vor mir. Er hat sich mit dem Rücken zum Abgrund gewendet und seinen Körper leicht nach vorne gebeugt, mitsamt dem ganzen Gepäck, und stemmt sich gegen den Wind, der immer noch weiter tobt. Nare steht da wie ein Fels in der Brandung, der sich durch nichts erschüttern lässt und schaut lächelnd zu mir. Ich bin mir nicht sicher, ob es vielleicht doch ein Ausdruck leichter Verzweiflung ist. Oder ist es eher die Angst um meine Person? Da ich hier oben im Hochhimalaya den Status eines Greenhorns genieße, denke ich eher an die zweite Variante.

Wann zieht endlich der Sturm an uns vorbei? Ich weiß nicht, wie lange ich darauf warte, dass seine Geschichte zu Ende erzählt ist und sein Lied verstummt.

Nare wird weiter durchgeschüttelt, während ich am Boden kauere. Mein bärenstarker Guide lässt sich nicht einschüchtern und gewinnt diesen Zweikampf. Für seine Gelassenheit bewundere ich ihn. Nach einer gefühlten halben Stunde scheint sich das Wetter zu beruhigen. Entnervt gehe ich langsam weiter, dem Frieden nicht trauend. Wann erreichen wir den Pass? Wann ist es endlich vorbei? Wann gehe ich wieder auf einer Ebene? Ich bin sehr beunruhigt über diese Situation, die ich in dieser Art und Weise nicht erleben will. Werde ich nach Hause kommen, geschweige aus dieser bezaubernden, atemberaubenden Gegend herausfinden, deren übermächtige Ortsgeister alleine entscheiden, wer geht und wer bleibt?

Ich hoffe nicht, dass der Sturm ein weiteres Konzert anstimmen wird. Nach wenigen Metern zerplatzt meine Hoffnung wie eine Seifenblase. Die letzte Strophe ertönt, der Orkan der Tenöre scheint über mich zu kommen. Sind das die Engel, die mich vor die Pforte der Glückseligkeit und Vollkommenheit bringen? Ich schaue nach unten und habe keine Kraft mehr, an das Gute zu denken. Werde ich nun geholt und dorthin gebracht, wo alle Gottesfürchtigen den Tanz der Apokalypse tanzen? Ist es der innige Wunsch der Ortsgeister, meine Reise zu beenden? Ich denke, ich falle, aber falle nicht. Meine Seele ist im Eis eingefroren, sie schmeckt Schnee und Stein. Ich warte darauf, Wärme zu spüren, um wieder aufzutauen, um weitergehen zu können. Zum zweiten Mal bin ich in die Knie gegangen und halte mich an einem Stein fest. Ich habe Angst und bete, dass es endlich aufhört. Diese Ungewissheit ist für mich am schlimmsten.

Später werde ich mir sagen, meine Seele hat mich auf eine fiktive Angstbühne gestellt. Vielleicht ist alles nicht so dramatisch gewesen, nur meine Wahrnehmung ist in diesem Augenblick eine andere. Nach einigen Minuten, die nicht enden wollen, werde ich von diesem Schockzustand befreit, da die Vorführung zu Ende geht. Ich fasse den Mut, weiterzugehen und erreiche den Pass, an dem sich eine größere ebene Fläche anschließt. Hier kann ich kräftig durchatmen und verschnaufen. Es ist noch stürmisch, aber hier auf dem sicheren Gelände geschieht mir nichts Schlimmes. Da ich allmählich anfange zu begreifen, dass es vorbei ist, fällt mir ein Stein vom Herzen und ich spüre totale Erleichterung. Nach dieser ergreifenden Prüfung verlassen wir den Pass und gehen durch die wundervolle Schneelandschaft weiter. Die Reinheit wäscht die Angst aus meiner Seele und gibt mir die Sicherheit und Zufriedenheit zurück, die ich für den weiteren Weg benötige. Je mehr Meter ich Richtung Debuche zurücklege, desto mehr weicht die Panik aus meinem Körper und bekommt meine Seele den festen Halt, den ich brauche, um mit klarem Verstande voranzuschreiten. Diese brenzlige Situation werde ich in positive Erfahrung umwandeln, um in Dankbarkeit neue

Dinge zu erleben. Dennoch werde ich sie nie vergessen.

Am späten Nachmittag kommen wir in Debuche an. Wir übernachten in der gleichen Unterkunft, die uns bereits auf dem Hinweg ein Dach über dem Kopf geschenkt hat. Beim Abendessen beginne ich langsam zu realisieren, was ich an dem heutigen Tage erlebt habe. Dann trete ich vor die Tür des Hotels und schaue zu den Bergen. Die Sonne verabschiedet sich von dem Tag, an dem der Wind mir seine grandiose Geschichte erzählt hat. Seine Lieder klingen immer noch in meinen Ohren. Ihr Botschafter ist schon lange gegangen.

Die Nacht kündigt sich an, die Berge ruhen im Mondlicht, still und kalt, mächtig und schützend. Mir wird ein prächtiger Sternenhimmel präsentiert, glitzern prangend auf dem Haupt der Berge. Ich schaue ins endlose schwarze Universum und suche nach dem Sinn der Vorgänge, die jedem einzelnen Menschen in seinem Leben widerfahren. Welcher Schutzengel hat heute entschieden, dass ich den Pass erreiche und weitergehe nach Debuche. Wo war der Teufel, der mich in den Schlund des Berges ziehen kann? Die beiden Gefährten, so dicht nebeneinander, entscheiden über Freud und

Leid. Dann erkenne ich die Bergkette, die ich bereits auf dem Hinweg am Kloster Tengboche bewundern konnte. Ganz rechts ragt die Ama Dablan empor, stolz und erhaben. Ich nicke ihr anerkennend zu. Leise und andächtig gehe ich auf mein Zimmer. Nun ist mir bewusst, wer mich beschützt hat.

Nach und nach realisiere ich, dass ich mich aus dem Hochhimalaya ganz langsam verabschiede. Mit jedem Schritt in Richtung Phaplu schmilzt das Eis, geht die Kälte verloren, verschwinden die Steine und das Kurzgestrüpp. Bäume wachsen, die Wärme begrüßt uns, das Schroffe und Raue geht in grüne hügelige Landschaften über. Die Yaks verabschieden sich, Ochsen werden gesichtet und irgendwann kommen die Maulesel auf mich zu und begrüßen mich in der Vorhimalayagegend. Tag für Tag schreite ich langsam zurück und komme an den gleichen Orten vorbei, die mich auf dem Hinweg erwartungsvoll begrüßt haben. Um mich in eine neue Welt zu begleiten, diese mich wiederum auf eine Seelenebene vom himmlischen Ausmaß zu heben vermag. Ich befinde mich auf einer neuen Stufe des Lebens, im Rucksack meine persönliche Goldmedaille, die mich voller Glück durch die Lande trägt, fast schwebend und im Vergleich zum Hinweg allmählich kraftloser. Der Akku meines Körpers lässt sich nicht so leicht aufladen wie der meines Handys. Ein freier Tag ist hilfreich, ersetzt jedoch in diesem Fall leider keine Steckdose. Ich muss eingestehen, dass die Technik in dieser Hinsicht dem menschlichen

Organismus ein Schritt voraus ist. Nare hilft mir, indem er auf anstrengenden Wegpassagen zusätzlich meinen Tagesrucksack trägt. Ich bewundere ihn ob seiner Kraft und Ausdauer. Er ist der wahre Held der Berge, seiner Heimat, die er so liebt.

Südlich von Phakding, kurz hinter Cheplung ändert sich unsere Route. Wir schwenken nach Südwest Richtung Lukla. Ich werde den berühmten Flughafen sehen, einer der gefährlichsten weltweit. Auch wenn ich ihn selber nicht nutzen werde, bin ich wahnsinnig gespannt, ihn kennenzulernen. Der Ort ist ein Mythos. Traurige Bekanntheit erlangt er durch tragische Ereignisse, von denen er immer wieder heimgesucht wird. Auch hier gewinnen die Naturgewalten gegenüber der Wunder der Technik die Oberhand. Vielleicht haben sich die Ortsgeister entschieden, eine schützende Hand über die wundervolle Natur des Himalayas mit seinen heiligen Schneegipfeln auszubreiten und nicht jeden Wanderer Eintritt gewähren zu lassen. Doch nach welchen Kriterien wird die unbarmherzige Zäsur vollzogen?

Während wir in diesen Tagen abwärts gehen, frage ich mich des Öfteren, wie ich es nur gepackt habe, diese anstrengenden, steinigen Wege hochzugehen. Verlangen sie mir selbst auf dem Rückweg alles ab. Bin ich eine Passage hinunter gestiefelt, so drehe ich mich langsam um, schaue den Weg ungläubig hinauf und wundere mich über meine eigene Schaffens- und Willenskraft. Allein durch meinen unbändigen Willen habe ich das erreicht. Darauf bin ich ohne Umschweife sehr stolz. Scheinbar war ich im früheren Leben ein tapferer Bergsteiger, der mutig die Auseinandersetzung mit den kräftigen Felsen gesucht hat, um den einen Weg zu finden, mit der steinigen Natur ein friedvolles Bündnis eingehen zu können. Vielleicht gehörte ich der sagenumwobenen Expedition von 1924 an, in deren Verlauf Mallory und Irvine auf den letzten Metern zum Gipfel vom Berg aufgenommen und nicht mehr gesichtet wurden. Durchaus möglich, dass ich mithilfe eines Fernglases die Lawine gesehen habe, die die beiden verschluckt hat. Während ich mich auf den Abstieg konzentriere, bin ich weit davon entfernt, mir über die Thematik Wiedergeburt Gedanken zu machen, so weit wie meine Heimat vom Basislager gelegen ist.

Dann erreichen wir bei leichtem Regen Lukla. Ein Ort der Freude und des Aufbruchs. Unzählige Wanderer, Trekker und Bergsteiger haben von hier die Möglichkeit, durch den Solokhumbu an ihr ersehntes Ziel zu gelangen. Hier werden alle Glücksgefühle aktiviert, weil es endlich losgeht. Die Erwartungshaltung jedes einzelnen Gastes kann nicht länger zurückgehalten werden. Ist man in Kathmandu am Flughafen noch etwas unsicher und ungläubig gegenüber dem, was man tut, so löst sich die ungeheure Anspannung spätestens mit dem Aufsetzen des kleinen Flugzeuges auf dem asphaltierten Rollfeld.

Unser Hotel befindet sich etwas erhöht, in einer schrägen, bewaldeten Bergwand, direkt hinter dem Ende der Landebahn des Flughafens, der den offiziellen Namen Tenzing-Hillary-Airport trägt. In Erinnerung an die beiden Erstbesteiger des höchsten Punktes der Welt, Tenzing Norgay und Edmund Hillary, die im Jahre 1953 über die nepalesische Südroute das geschafft haben, was George Mallory und Andrew Irvine im Jahre 1924 über die tibetische Nordroute verwehrt blieb.

Ich schaue auf die abfallende Start - und Landebahn, deren Hangneigung circa 12 % beträgt. Im selben Moment bin ich froh darüber, auf dieser nur 530 m langen Piste, die an ihrem Ende etwa

600 m tief zum Dudh Kosi schlagartig abbricht, nicht starten und landen zu müssen. Erst im Jahre 2001 wurde die ursprüngliche Schotterpiste asphaltiert. Bevor das eigentliche Bergabenteuer im Himalaya beginnt, erfährt der mitreisende Fluggast ein Abenteuer einer anderen Dimension. Aus diesem Grunde ziehe ich eine 1-wöchige Wanderung durch den prächtigen Vorhimalaya dem 30-minütigen Flug vor.

In den vergangenen fünfzig Jahren sind auf dem im Jahre 1964 erbauten Flughafen viele Unfälle geschehen, die ihren Ursprung überwiegend beim Landeanflug haben. Startet man in Kathmandu noch bei gutem Wetter, so kann man vor Lukla eine böse Überraschung erleben, die lebensgefährlich enden kann. Aufgrund der komplizierten Berg- und Talwindzirkulation wird der Pilot wie aus heiterem Himmel mit unberechenbaren Windböen und dichten Wolken- und Nebelwänden konfrontiert, die eine sichere Landung schier unmöglich machen. Seit einem verheerenden Unfall aus dem Jahre 2008, der ausschließlich auf schlechte Sicht zurückzuführen war, wurden die Sicherheits-vorkehrungen überdacht und sind seitdem verbessert. Das führt dazu, dass Touristen bei schlechtem Wetter auf dem Flughafen festsitzen und solange auf den Flug warten müssen, bis sich das Wetter aufklärt. Der abenteuerliche Charakter des Ortes wird umso mehr durch die Tatsache verdeutlicht, dass bei diesen Sichtflügen nur bergwärts gelandet und talwärts gestartet werden kann. Starts und Landungen erfolgen in entgegengesetzter Richtung im Minutenabstand, wobei sich das gestartete Flugzeug auf einer tieferen Flughöhe befindet. Die etwas höher landende Maschine fliegt darüber. In der Hochsaison ist dieser Flughafen mit über fünfzig Flügen täglich der meistbenutzte Inlandsflughafen von Nepal.

Am Nachmittag gehe ich von meinem Hotel die paar Meter zu dem Maschendrahtzaun hinunter, der das Flughafengelände einzäunt. Zwischen Landebahn und Hotel grasen einige Ochsen auf einer vertrockneten kleinen Wiese. Heute haben sie vor dem Fluglärm Ruhe, da sich eine drohende dunkle Wolkenwand vor die Landebahn gesetzt hat. Der Flugverkehr ist heute Nachmittag komplett eingestellt. Ich muss an die achtzehn Seelen denken, die bei dem damaligen schlimmen Unfall aufgrund solch schlechtem Wetter ihr Leben gelassen haben. Am Abend füllt sich das Hotel mit den Trekkern, die ursprünglich noch heute in die Hauptstadt zurückfliegen wollten. Da wir uns noch in der Vorsaison befinden und viele Zimmer frei sind, stellt es für den hotelinternen Ablauf kein Problem dar. Die Leute sind alle glücklich, dass sie gesund sind und morgen bei klarem Wetter starten können.

Von den ganzen Eindrücken des heutigen Tages müde geworden, begebe ich mich nach dem Abendessen auf mein kaltes Zimmer, von dem ich die Landebahn einsehen kann. Ein Hubschrauber ist bei Regen gelandet. Vielleicht handelt es sich um einen Kontrollflug, um die Sicherheit der Touristen zu gewähren. Mir ist es nicht möglich, meine vielen Gedanken zu Ende zu bringen, da ich urplötzlich in einen tiefen Schlaf falle, voller Träume und Eingebungen ...

... Motorengeheul, die Maschine hebt ab, der Sonne und dem blauen Firmament entgegen. Die Häuser Kathmandus mutieren zur Spielzeuggröße. Je kleiner sie werden, desto größer wird die Vorfreude in mir, die Freude auf das Kommende, es zu erleben, zu begreifen und später zu verinnerlichen, um zu verarbeiten und neue Schlüsse daraus zu ziehen. Der Motor summt leise vor sich hin, es herrscht eine unheimliche Stille, wir gleiten durch den phänomenalen Vorhimalaya dahin und genießen die Wohltat, wundervolle Bergpanoramen auf

unsere Netzhaut zu projizieren. Geräuschlos wie ein Segelflugzeug bahnt sich das Flugobjekt den Weg durch die Lüfte, begleitet von der Zärtlichkeit des Windes. Durch das Fenster begrüße ich die Berggeister, die mir förmlich die Hand geben können, so nah bin ich bei Ihnen. Der Pilot leistet genaueste Arbeit und führt sein Gefährt durch die mächtigen Felsen, mit uns an Bord. Mir wird allmählich unheimlich, der blaue Himmel ist auf einmal verschwunden, die Stimme des Windes erhebt sich. Die trügerische Ruhe von gerade eben ist dahin, hat sich aufgelöst in Schall und Rauch. Voran geht nun die ehrliche und mächtige Unruhe, ohne Umschweife. Die Maschine wackelt hin und her, gefährliche, monströse Nebelschwaden haben Einzug gehalten in die prächtige Natur des grünen, bergigen Vorhimalayas. Unser Flugkapitän spricht schnelle unverständliche Worte in sein schwarzes Funkgerät, so schwarz wie Dämonen in der Nacht. Ich sehe seine Augen nicht, da er uns den Rücken zukehrt, aber seine Körperhaltung und Stimmlage lassen nichts Gutes erahnen. Sind wir hilflos der Endlosigkeit des Universums ausgeliefert? Wir befinden uns in einem Sichtflug ohne Sicht. Ist das von Gott gewollt? Erlebe ich jetzt die berühmte Zäsur am eigenen Leibe? Wir fliegen dennoch weiter und *ziehen eine lange Rechtskurve. Das muss der Versuch sein, die Landebahn von Lukla zu treffen. Es gibt nur diesen einen Versuch. Der Pilot kann die Maschine nicht hochziehen, da der Berg am Ende der Landebahn uns aufnimmt und in die ewigen Jagdgründe schicken wird. Ich spüre, wie ich ruhiger werde und lächele. Sanftmütig erfahre ich die letzten Minuten unseres Fluges. Die Maschine zieht runter. Einige wenige Sonnenstrahlen versuchen, die Nebelwand zu durchbrechen. Für kurze Momente sind Teilstücke von Asphalt zu erkennen. Ich fühle die Sonne in mir, oder ist es ein Feuerball, der am Ende der Landebahn in die Höhe schießt? ...*

Am nächsten Morgen hat sich das Wetter aufgeklärt. Die Sonne scheint, und die gestrandeten Wanderer können nach Kathmandu fliegen. Es herrscht reger Betrieb am Flughafen. Die zweimotorigen Maschinen landen und starten im Minutentakt. Ich stehe am Zaun und beobachte die ganze Szenerie mit großem Interesse.

Hier leibhaftig an der Landebahn zu sein, ist bemerkenswert. Die Piste ist wahrhaftig sehr kurz. Die Piloten vollbringen in meinen Augen eine Meisterleistung. Jedenfalls bin ich heilfroh, die Strecke nach Phaplu laufen zu dürfen. Am Vormittag geht es direkt an der Landebahn Richtung Südwesten nach Surke. Wir kommen an herrlich blühenden Magnolienbäumen und Rhododendrensträuchern vorbei. Die Farbenpracht dieser Pflanzen spiegelt die ganze Lebensfreude der Nepalesen wider.

Heute erleben wir einen richtigen Mauleselstau. Wir müssen in einer Stunde circa dreihundert Tiere passieren lassen, die zwischen den Ortschaften um Lukla viele wichtige Transporte durchführen. Ich bin nicht abgeneigt, mich darüber zu freuen, da es sich um eine willkommene Verschnaufpause handelt. Ich spüre am ganzen Körper, dass meine Kräfte in einem atemberaubenden Tempo nachlassen, jedoch mit der nötigen Konzentration und Geduld erledige ich meine Aufgabe bravourös. Ich komme in keine brenzlige Situation, die meine Nerven strapazieren würden. So gehe ich weiter und weiter, in dem Bewusstsein, dass sich die Wanderung durch das Everestgebiet allmählich dem Ende nähert. In zwei Tagen werden wir wieder in Nares Heimatort eintreffen, von wo es dann am nächsten Tag mit dem Jeep nach Phaplu gehen soll. Dieser Tag ist mein Geburtstag. Ich sehe es als Geschenk an, dass ich diese lange Strecke nicht zu Fuß bewältigen muss.

In mir haben sich zwei Seelen entwickelt, die unterschiedlicher Meinung sind. Die eine ist sehr traurig, dass die Wanderung bald vorbei ist, da es bedeutet, sich von den lieben Menschen aus den Bergdörfern zu verabschieden und die einzigartige Natur mit ihren Tieren hinter sich zu lassen. Die andere Seele freut sich über das Ende der Strapazen, um sich einige Tage in Kathmandu ausruhen zu können, bevor es wieder nach Europa geht. In einem Punkt sind sie jedoch eins. Sie sind überaus dankbar für das Erreichte, was ihnen keiner mehr nehmen kann. Der Körper, mit dem sie verbunden sind, ist gesund. Dankbarkeit ist der schnellste Weg zur Erfüllung.

Prachtvoller Rhododendrenbaum auf dem Rückweg hinter Lukla

Jedes schöne Ereignis neigt sich dem Ende zu, damit Platz für Neues geschaffen werden kann.

Mit diesen Gedanken geht es Richtung Kharikhola. Die Schritte, die ich zurückgehe, produzieren vor meinen Augen sämtliche Bilder der Reise. Die Erinnerungen an das Erlebte sind mir somit immer gegenwärtig und unvergesslich. In einem Schnellszenario lasse ich sämtliche Eindrücke, Empfindungen und Gedanken Revue passieren und fühle mich dabei in einer unendlichen Leichtigkeit, die ich bei mir noch nie erlebt habe. In diesen Augenblicken sind alle meine Sinne derart darauf fokussiert, dass ich meine strapazierten Knochen nicht spüre. Ich bewege mich über die Steinwege wie ein nepalesischer Schuljunge, der über das unwegsame Gelände hüpft, um pünktlich zur Schule zu kommen.

Am Morgen meines Geburtstages, wir befinden uns bereits in Kharikhola, wird mir noch einmal das Lebensgefühl Nepals direkt vor Augen geführt, mit anderen Worten: Es ist nichts planbar, aber es gibt immer einen Ausweg.

Nach dem Frühstück eröffnet mir Nare, dass der Fahrer, der uns nach Phaplu bringen soll, leider ausfällt. Wir sind gezwungen, in den nächsten Ort zu laufen, in dem es die einzige Möglichkeit gibt, mit einem Jeep starten zu können. So laufen wir noch einmal fast vier Stunden nach Adheri. Dieser Ort liegt in südwestlicher Richtung auf der anderen Seite des Dudh Kosi.

Welche Überraschung! Darauf war ich nicht eingestellt. Ich wechsele meine Schuhe und auf geht es. Ich bin froh, dass es eine andere Möglichkeit gibt, am heutigen Tage nach Phaplu fahren zu können. Zu jeder Zeit umgibt mich das besondere Gefühl, dass in Nepal für alle Eventualitäten Lösungen gefunden werden.

Durch unwegsames, steiniges Gelände bahnen wir uns den Weg. Zu meinem Geburtstag bekomme ich noch einmal einen richtigen Trekkingtag geschenkt. Es geht hoch und runter. Über eine Hängebrücke kreuzen wir zum letzten Mal den tosenden Dudh Kosi, von dem ich mich gebührend verabschieden kann. Ich grüße Mike Jones und schreite voran. Gegen Mittag erreichen wir Adheri, ein kleines Bergdorf in der Wildnis, abgeschnitten von der Außenwelt. Nicht ganz! Es gibt einen sandigen, steinigen Weg, der aus der Ortschaft herausführt, so breit wie ein Jeep. Die Fahrt mit einem gewöhnlichen Auto würde auf dieser Strecke mit einem Achsenbruch enden.

Nare telefoniert und scheint etwas zu organisieren. Freudestrahlend erzählt er mir, dass wir in einer Stunde von einem *local Jeep* abgeholt werden. Leider sind vor uns noch drei Nepalesen, die ebenfalls nach Phaplu fahren wollen. Da sie bereits länger warten, erhalten sie richtigerweise den Vorzug. Der Jeep, der eintrifft, ist bereits voll. Die drei Männer zwängen sich ins Auto und ab geht die Post. In diesem Moment bete ich, dass wir heute überhaupt noch eine Fahrgelegenheit bekommen werden.

Eine weitere Stunde später ist es endlich so weit. Ein Jeep kommt um die Ecke gerauscht, mit sieben Insassen, gefühlter Platz für fünf Personen. Alle sind lustig und reden durcheinander. Wir werden freudig aufgenommen und irgendwie haben wir Platz im Auto. Dann geht es durch bergiges Gelände Richtung Zielort. Wir fahren die ersten zwei Stunden immer am Abgrund, Nebelschwaden wechseln sich mit Staubwolken ab. Ich sehe nichts und frage mich, wie man bei diesen Verhältnissen einen Jeep steuern kann. Das ist noch einmal Abenteuer pur! Ich habe ein ungutes Gefühl und bete zum ganzen Universum. Dann fällt mir mein Geburtstag ein, und ich beginne zu schmunzeln. Es wird schon alles gut. Meinen Gesichtsausdruck kann ich zum Glück nicht sehen. Bestimmt wirkt er leicht quälend. Während wir von einem Schlagloch ins andere fahren, gewöhne ich mich allmählich an die abenteuerliche Fahrt. Beruhigend ist für mich, dass der Fahrer sein Gefährt gut unter Kontrolle hat und diese Strecke wie seine eigene Westentasche kennt. Nach zwei Stunden atme ich auf, da wir uns nun auf asphaltiertem sicherem Gelände bewegen. Diese Prüfung habe ich ebenso bestanden. Als sich die Sonne entscheidet, den Tag zu verlassen, erreichen wir Phaplu, wo alles vor dreieinhalb Wochen begann. Nare und ich werden an der gleichen Unterkunft abgesetzt, wo wir uns am ersten Tag begegnet sind. In diesem Moment beginne ich zu realisieren, dass die Lauferei hier in Nepal vorerst ein Ende hat. Ich bin glücklich und erfüllt.

Aber auch der Abschied naht, an den ich bis zum jetzigen Moment nicht gedacht habe. Fast vier Wochen sind Nare und ich durch dick und dünn gegangen. Er war immer an meiner Seite und hat mich mit seiner ruhigen, besonnenen und freundlichen Art durch die Wildnis getragen. Dass sich unsere Wege schon heute trennen, habe ich erst vor einigen Stunden erfahren. Während ich nach Kathmandu gebracht werde, wird Nare mit einem anderen Auto zu einem regionalen

Ausgangspunkt einer neuen Trekkingtour gebracht. Sein Auftraggeber hat eine sehr kurzfristige Planänderung durchgeführt. Das überraschende und überstürzende ist, dass der Fahrer bereits vor unserem Guesthouse auf Nare wartet. In den nächsten Minuten sagen wir uns Lebewohl. Das geht mir alles zu schnell, darauf bin ich nicht vorbereitet.

Mein Guide und ich umarmen uns. Stille Gesten sagen mehr als Worte. Der Fahrer spricht etwas zu meinem treuen Begleiter, der daraufhin gemächlich auf das Auto zugeht.

Dann dreht sich Nare zu mir um und fragt mich.

Hast Du denn die Aura des Himalayas auch gespürt?

Ich schaue ihn direkt an, spüre den aus nordöstlicher Richtung kommenden Wind, und sage *Ja.*

Es herrscht Stille.

Tibetische Gebetsfahnen wehen von einem Dach, einige Träger gehen mit ihren treuen Eseln langsam an mir vorbei. Mit ihren Hufen verursachen sie knirschende Geräusche im Sand. Im Hintergrund spielen irgendwo fröhliche Kinder. Ein alter Nepalese dreht an seiner Gebetsmühle. Ich lächele Nare an.

Immer noch mein Freund ... immer noch, und es endet nicht.

Er nickt anerkennend, sagt nichts, dreht sich um und steigt in das auf ihn wartende Auto. Der Motor heult kurz auf, eine Sandwolke baut sich vor mir auf und verdeckt den davonfahrenden Wagen. Ich schmecke den Sand auf meinen Lippen und schaue minutenlang hinterher, obwohl der Jeep schon längst fort und nicht mehr zu sehen ist. Als ich ins Guesthouse gehe, um meine letzten Dinge für die morgige Rückfahrt nach Kathmandu zu packen, bemerkt keiner die Tränen in meinem Gesicht.

Hier endet meine Erzählung. Sicherlich gibt es noch einiges zu berichten. Meine Rückfahrt nach Kathmandu, die circa zehn Stunden dauert und die drei Tage dort, die ich bis zu meinem Abflug ausschließlich im Touristenviertel Thamel erlebe. Es sind Ereignisse, die für die Relevanz dieses Buches für mich nicht von großer Bedeutung sind. Daher habe ich mich entschieden, auf die Schilderungen zu verzichten. Sicherlich kann man viel über Thamel berichten, dieses für mich fantastische Viertel mit den unzähligen

Souvenirshops, Bars, Restaurants und Cafés in den verwinkelten Gassen, die voll von bunten Gebetsfahnen behangen sind. Umgeben von einer Mixtur verschiedenster Gerüche von Kräutern, Gewürzen, mobilen Garküchen und den Abgasen eines chaotischen Verkehrs. Hupkonzerte wechseln sich mit wohlklingender Musik ab, die aus den einzelnen Restaurants leise ertönt. Ein Gewusel aus Rikschas, kleinen Transportern, Taxis und Motorrädern prägen das Straßenbild. Die ruhende Oase findet man einige Meter weiter in kleinen Gärten abseits der Gassen. Götterschreine, Pagoden und Internetcafés stehen symbolisch als Übergang von einer alten in die neue Zeit. Moderne und Historie sind hier Seite an Seite miteinander vereint. Thamel verdient es, ein eigenes Buch zu bekommen. Ausreichend Geschichten und Anekdoten sind wahrhaft vorhanden. Belassen wir es dabei und wenden uns der Spiritualität und Naturverbundenheit zu, die in diesem Buch zum Ausdruck kommen sollen. Daher verzichte ich bewusst auf genaue Weg- und Ortsbeschreibungen, Landkarten und genaue Parameter, wie Höhenunterschiede und Gehzeiten, da dieses

Buch kein Reiseführer ist. Den einen oder anderen Leser mag es auffallen, dass ich einen anderen Beschreibungsstil anwende, je näher ich dem erträumten Ziel komme. Dieser Aspekt ist der Intensität geschuldet, die in mir ist, je dichter ich mich an den markanten Felsen befinde. In dieser Erzählung wird deutlich, dass ich den Aufstieg zum Basislager mit dem Gipfelsturm auf den höchsten Punkt gleichsetze.

Viele Eindrücke, Gedanken und Träume sind dabei entstanden. Diese habe ich immer wieder eingestreut und in kursiver Schrift gesetzt.

Ich hoffe, liebe Leserin, lieber Leser, Du bist eingetaucht in die wundervolle Welt des Himalayas und spürst genau die gleichen Dinge, die ich an dem besagten Abend in Phaplu fühlen durfte, als ich mich von Nare verabschieden musste.

Namaste an alle Nepalesen, auf Wiedersehen und bis bald!

Impressionen aus Thamel

Danksagungen:

Ich möchte mich in aller Liebe bei Heidi, meiner Frau bedanken, die mir diese Reise ermöglicht hat. Unendlichen Dank für Deine Liebe, seelische Unterstützung und innige Seelenverbundenheit.

Vielen Dank an Nare. Ohne seine Hilfe hätte ich es nicht geschafft.

Vielen Dank an alle Nepalesen, die mit mir waren.

Vielen Dank der Natur mit seinen Lebewesen.

Vielen Dank an Sonam, der mit seinem Reiseunternehmen diese Tour fantastisch organisiert hat.
Sonam Sherpa
Nepal Trans Himalayan Explorer
Sherpa Adventure Travel Pvt. Ltd.
Kathmandu, Nepal

Eine Reise endet, eine neue
ist in den Gedanken